なぜウチの会社は
変われないんだ! と悩んだら読む

# 大企業ハック大全

ONE JAPAN

HACK THE BIG COMPANY

ダイヤモンド社

はじめに

# なぜ大企業の若手中堅のスキルが〝大企業病〟に効くのか？

この本は、パナソニックやトヨタ自動車など、日本を代表する大企業55社に勤める若手中堅社員3000人が集う実践コミュニティ「ONE JAPAN（ワン・ジャパン）」が、結成から5年、大企業を中から変えようと奮闘し、実践する中で培ってきた「スキル」「技」「ノウハウ」を網羅し、1冊にまとめたものです。

そのように言うと、

「大企業の若手中堅のノウハウなんて、何の役に立つの？」

「世界で存在感を失った日本企業に踏みとどまって実践することに、一体何の意味がある？」

「イノベーションを起こしたいんなら、近道はベンチャーか外資に行くことでしょ？」

といった疑問や違和感を持つ方も多いかもしれません。

確かに、日本の大企業を取り巻く環境は、決して楽観的に捉えられるものではありません。もしあなたが大企業に所属していたなら、いや、もしそうではなくても、次のような声（ボヤキ）に、聞き覚えがあると思います。

「ウチの会社、上がOKしないと進まないから」
「また責任のなすりつけあいしてるよ」
「なんでこんなに遅いんだ」
「いつになったら自分の番がくるの？」
「挑戦しろって言うくせに、新しい提案は否定される……」

実際、ONE JAPANに参加している企業の若手中堅からも、こうした話は、「なぜウチの会社は変われないんだ！」というもどかしさとともに、よく耳に入ってきます。

そこで2020年、私たちはONE JAPANとして毎年実施している意識調査で「大企業病」について聞きました。加盟団体1600人への調査の結果、大企業病として次の

5つがあぶり出されました。

1　内向き・社内至上主義：「ウチの会社、上がOKしないと進まないから」
2　縦割り・セクショナリズム：「また責任のなすりつけあいしてるよ」
3　スピード欠如：「なんでこんなに遅いんだ」
4　同質化・新陳代謝不全：「いつになったら自分の番がくるの？」
5　挑戦・仮説検証不足：「挑戦しろって言うくせに、新しい提案は否定される……」

詳細は序章にて説明しますが、大企業を中から変えようとしている私たちですら、こうした現実の前に立ち尽くすことが今もあります。

「どうせ大企業なんて……」と言われても、完璧に反論することはできません。


しかし、です。

それでも、私たちは、こう断言します。

大企業を中から変えることはできる。そして「失われた30年」の間に大企業が忘れてしまった「挑戦」の文化を、もう一度取り戻すことができる、と。

そして、大企業が変われば、日本は変わる、と。

## 結成から5年、ONE JAPANは何を成し遂げたのか

なぜ、そこまで言い切れるのか。

それは、ONE JAPANがこの5年の歩みで得た、確かな手応えがあるからです。

1つは、大企業に眠る有形無形の資産を改めて認識したことです。

多種多様な人の力。

世界に先駆けて開発された技術。

いざ事を動かす際に発揮される組織力。

ONE JAPANとして活動する中で次々と見出された、各社の「人」「もの」「技術」「歴史」は、どれを取っても「これを活かすことができれば、ものすごいインパクトをもた

らせる！」と確信できるものばかり。

そうした資産を再定義し、事業とすり合わせていくことは、新型コロナウイルスの世界的な感染拡大でさらに不確実性を増す世界で、イノベーションを起こすための大きな武器になると考えています。

もう1つは、私たち自身が、大企業が持つ資産を「横」でつなぐことで実際にインパクトをもたらすことができるようになってきたことです。

たとえば、２０２０年から始め、現在第2期が開催中の大企業挑戦者育成プログラム「CHANGE（チェンジ）」。このプログラムは、「本気で自社と社会を変えていく人」を生み出すために、大企業の中からイノベーションを生み出すマインドセットやスキル、さらには社内政治の方法論までを学ぶラーニングコミュニティです（詳細は３１８ページ）。

２０２０年の第1期は、80人を超える各界のトップランナーをメンターとして迎え、熱のこもったフィードバックをいただき、3か月を完走。最後は、２０２０年のカンファレンスで5人のファイナリストによるピッチイベントを開きました。

結果、このプログラムから生まれたアイデアが、早くも事業化するなど、新しい風を巻き起こしはじめています。

他にも、「ハッカソン」を開催し、挑戦の場を作ってオープンイノベーションの流れをいち早く押さえたり（304ページ）、「働き方意識調査」を通して政策提言してきた（333ページ）ことで、世の中に少しずつ私たちの「声」が届くようになってきました。

また、ONE JAPANを通して、「大企業の中にも面白い人がいる」とベンチャーとの連携が進んだり、「こんな面白い動きができるなら、大企業はむしろ『あり』では」と新卒や中途の採用につながったりといったことが、各社で起こっているのです。

そんなONE JAPANを、早稲田大学ビジネススクール教授の入山章栄さんをはじめ、多くのオピニオンリーダーが応援してくださっています。さらに2019年には、内閣府主催の「第1回日本オープンイノベーション大賞 経団連会長賞」をいただくこともできました。

そして今、ONE JAPANでは、こうして芽吹きはじめた挑戦の文化を、大企業の内外でより強力に推進すべく、さらなる活動に取り組んでいます。

私たちのコミュニティから生まれた「イントラプレナー（社内起業家）」が大企業の中で使っているスキルやノウハウを、社会に伝えるという活動です。本書もその活動の1つに他なりません。

## 蓄積してきたのは、変われない大企業の中で「やりたいこと」を実現するための技

「何か新しいことを、企業の中で挑戦したい」

そう切り出すと、ことあるごとに、

「辞めて挑戦できる場に移ればいいじゃない」

と言われます。

まるで最初から、大企業の中にはそんな選択肢がないかのように。

しかし、ONE JAPANには、大企業を「辞める」でもなく、大企業に「染まる」でもなく、大企業に残って、自らがやりたいこと、社会に対して果たすべきことに粘り強く取り組んでいる若手中堅がたくさん集まっています。

たとえば、本書で「技」「ノウハウ」を披露してくれている人には、こんな人がいます。

- 新規事業のアイデアをいくら出しても「ありがとう」で終わってしまって実現しない
- 超縦割りの大企業で営業職
- 新規事業の経験値もベンチャーの土地勘もほぼゼロ

人も、ものも、予算も、時間もない。そんな状態でももがきつづけた結果、次のような成果をあげています。

- 新規事業のアイデアをいくら出しても「ありがとう」で終わってしまって実現しない
  ↓新規事業がどんどん生まれる社内アクセラレーションの仕組みを構築
- 超縦割りの大企業で営業職
  ↓他社と共創し、ファッション分野のサブスクリプションビジネスをローンチ
- 新規事業の経験値もベンチャーの土地勘もほぼゼロ
  ↓シンガポールでバイオテックベンチャーと協業

ここで挙げたのは、ONE JAPANの中で特別すごい人というわけではありません。イノベーションを志したきっかけや思いもさまざまで、必ずしも最初からすべてがうまくいったわけでもありません。

しかし共通しているのは、みなが「どうせ変えられない」と決めつけてしまうような状況でも諦めず、実際に変化を起こしてきたということです。大企業の中にあって、その論理や空気に屈することなく。

経験も人脈もゼロからスタートして、大企業の中でやりたいことを実現してきた彼ら彼女らのノウハウや努力には、新型コロナウイルスの感染拡大などが続く厳しい環境下でも新しいことに挑み、より大きなスケールで成し遂げるためのヒントが詰まっています。

本書では、そんなONE JAPANメンバーから厳選された34人が培ってきた、本質的で、かつ実践的な44の「技」を網羅しています。

## 明日の「仲間」へ贈る言葉

もし、本書を手にしたあなたが、大企業でモヤモヤしている社員であったなら、この本を読んで今一度、「辞めるか」「染まるか」「変えるか」を考え直し、今いる会社にとどまってほしいと願います。

もし、本書を手にしたあなたが、大企業の管理職や経営者なら、ミレニアル世代の若手中堅社員たちの現場での挑戦を、応援し、鼓舞し、事業に活かしていってほしいと願います。

もし、本書を手にしたあなたが、学生であったなら、大企業を「変える」ために動く、先輩たちの地道な努力が詰まったこの本を読んで、ぜひ変える仲間になってほしいと願います。

もし、本書を手にしたあなたが、ベンチャー企業や中小企業の経営者や社員であったなら、この本を読んで大企業を動かす論理を知って、ぜひ外から大企業を最大限に活用してほしいと願います。

先が読めない時代の中でも、最善の選択を行い、実行に移していくには、どんな挑戦と実践を積み重ねればいいのか。「前例のない判断」を積み重ねてきたＯＮＥ ＪＡＰＡＮのメンバーが得た知見から、明日実行できる何かをぜひつかみとってください。

ともに「挑戦」の文化を築いていく「仲間」に、この本を贈ります。

なぜウチの会社は変われないんだ! と悩んだら読む 大企業ハック大全

CONTENTS

CONTENTS

# 第1章 社内の「空気」を吹っ飛ばそう！

## 1 内向き・社内至上主義を打破するスキル8

CONTENTS

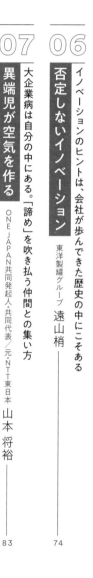



第2章
「サイロ」を軽やかに乗り越えろ！
2 縦割り・セクショナリズムを越境するスキル11

CONTENTS

## 第4章 「根回し2・0」で社内外に網の目状のつながりを！

### 4 同質化・新陳代謝不全を防ぐスキル9

## 第5章 「壁打ち」できる場を作ろう！

### 5 挑戦・仮説検証不足を変革するスキル8

※本書の肩書きは、2021年9月現在のものです。

序　章

# “大企業病”とは何なのか？

## 1600人調査から見えてきた5つの症状

# 「大企業の中で自己実現」は本当に不可能？

## 「どうしたら大企業の若手社員でも、企業の中で自己実現ができるだろうか」

これはONE JAPAN発足以来、向き合ってきた命題の1つです。

大きな組織、終身雇用、年功序列など、長らく大企業といえば、「安定はしているけど、若手のうちから自分のやりたいことを叶えていくのは難しい」というイメージで語られることが当たり前となっていました。

しかし、世の中は激変期の真っ只中。グローバリゼーション、働き方改革、DX（デジタルトランスフォーメーション）、そしてコロナ禍……。少し前まで予測もできなかったような事態が次々と起こっています。そんな中で大企業は、ともすると、「安定も失われつつあるが、引き続き若手はやりたいことができない」となりかねない——そんな危機感をONE JAPANのメンバーの誰しもが感じています。

ただONE JAPAN発足から5年が経つ今、私たちの中にはこうした風潮に抗う声が多く聞かれるようになってきました。

**「本当にそうなのか？　それをよい方向に変えることはできるんじゃないか？」**

これまで、ONE JAPANに集う大企業に所属する「実践者」の日々の働き方やそこから生まれる実績を、企業の壁を越えてシェアしあい、議論してきた私たちは、今本気でそう思っています。

そして、さらにこうも思いました。

**多彩なONE JAPANメンバーの「大企業を自分らしくハックし、企業の発展にも貢献した」という逸話の数々を、応用可能な「技」にすることができれば、同じような大企業に勤める若手中堅社員はもちろん、ベテラン社員にとっても、大企業以外の大きな組織で働く人々にとっても、価値ある知恵になるんじゃないか。**

## 徹底調査でわかった大企業とベンチャーの違い

まず行ったのは、「そもそも大企業とは何か？」を考えること。ONE JAPANメンバー一人ひとりの実体験の収集に加えて、独自の意識調査、ワークショップ、有識者との意見交換など、これまでの数々の活動を振り返りながら考えていきました。

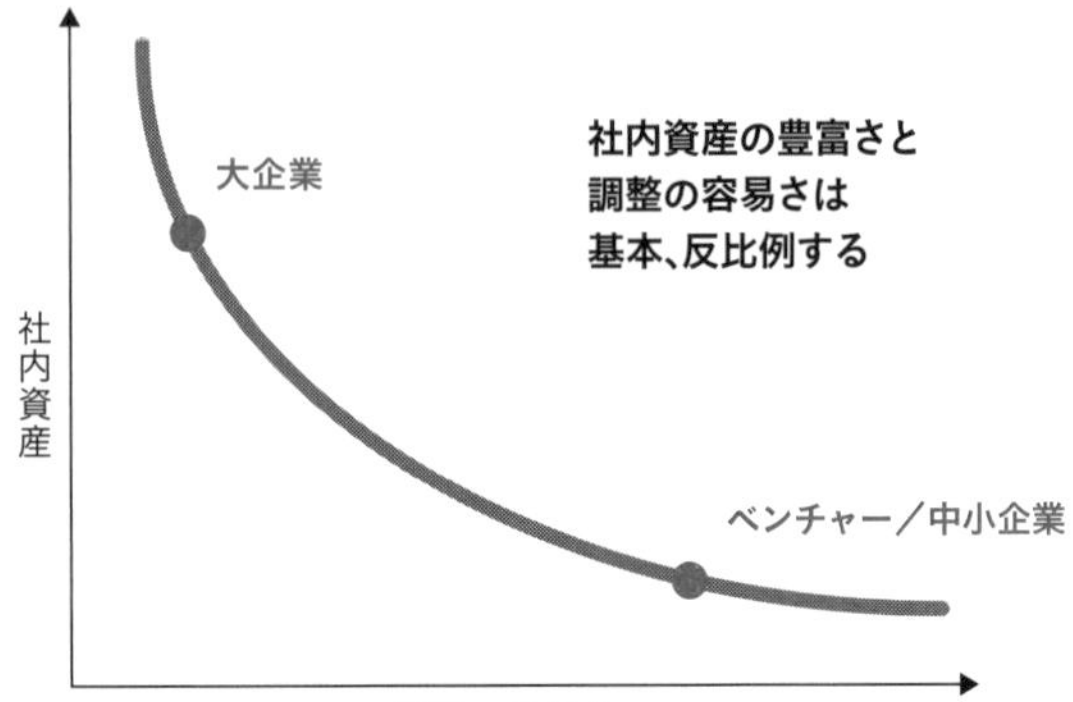


**議論を重ねた末に定義した大企業の本質は、一言で表すと、「資産は豊富だが、社内調整コストがかかりやすい」構造の組織であるということ。**これは、大企業の変革や新規事業の創出を次々と起こそうとしてきた私たちが常々感じている「多くの大企業は、アイデアがないのではなく、アイデアを形にする方法のアイデアが弱い」ということとも、符合します。ひらめいてもいるし、やるだけの資産もないわけではない。でもなぜか、やろうという意思決定にまで至らない、進まない、止まってしまう。このようなケースは非常に多いのではないでしょうか。

反対側にある概念として、「ベンチャー企業」を例に挙げて考えると「資産は少ないが、社内調整コストはとても少ない」構造の組織と言えます。つまり、**一般的には「社内資産と社内調整の容易さは反比例する」**と言えます。

理想は「豊富な資産を、調整コストを軽くして使いこなす」、つまりこの反比例の重力から脱したところにあるわけで、多くの企業はそこを目指します。

さてどうやって？

「資産は少ないが調整コストは軽い」ベンチャーは、資金調達や外部との連携などの方法で、資産を増やす方向を目指します。テクノロジーの発展でネットワーキングやコラボレーションの可能性は広がりつづけており、「社内資産の少なさ」を補う方法は日々充実してきています。加えて、身軽さを保ったまま柔軟に社内外の資産にアクセスするこのあり方は、前述のような不確実な時代にもフィットしているように思います。

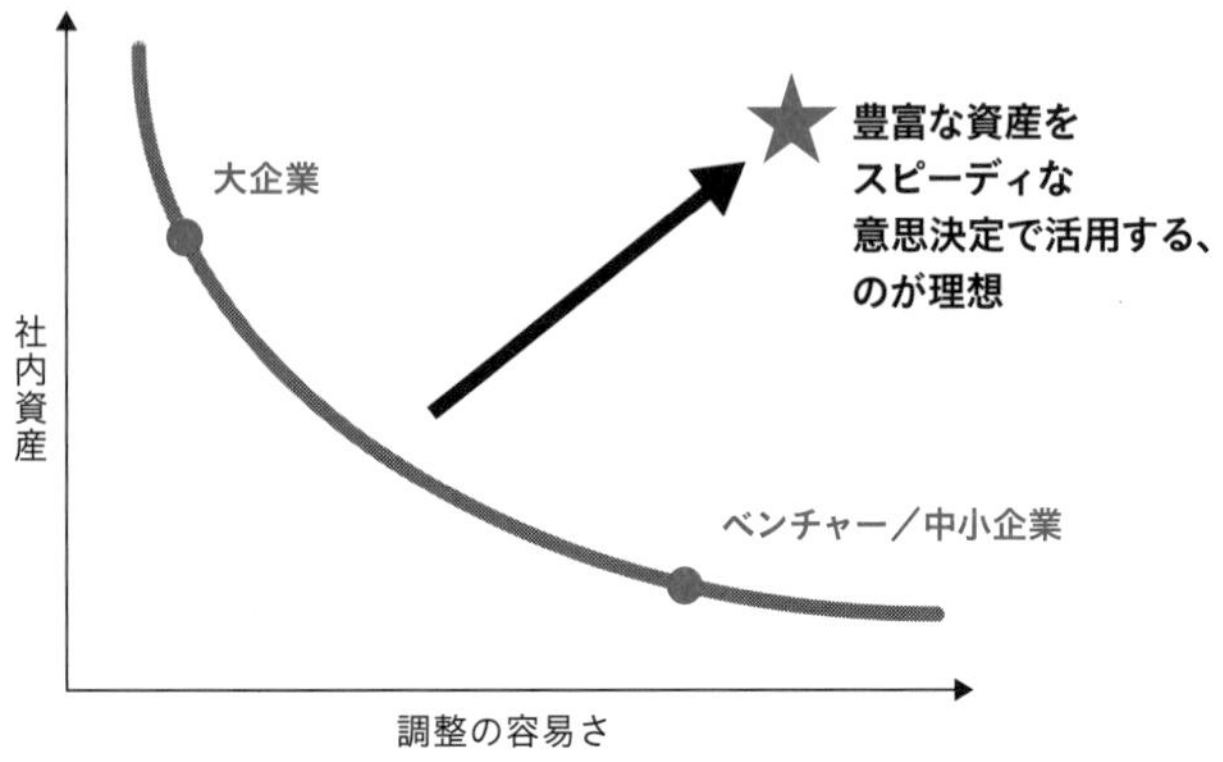
豊富な資産を
スピーディな
意思決定で活用する、
のが理想
大企業
社内資産
ベンチャー／中小企業
調整の容易さ

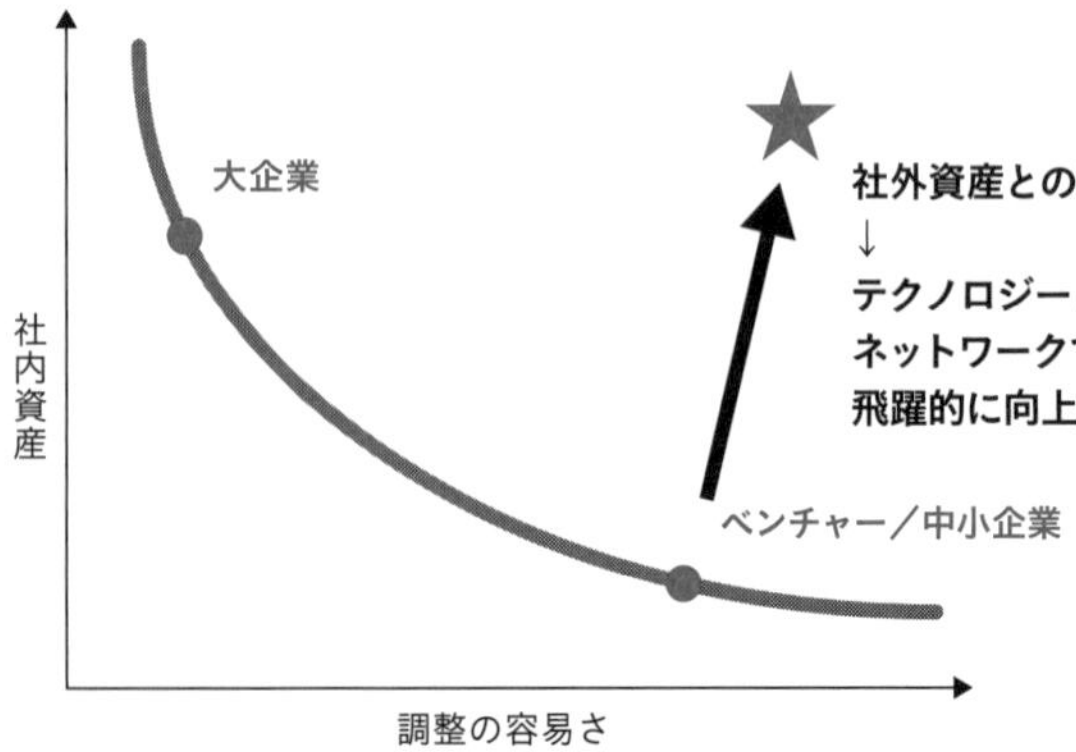
社外資産との連携
↓
テクノロジーと
ネットワークで
飛躍的に向上
大企業
社内資産
ベンチャー／中小企業
調整の容易さ

## 大企業を蝕む「5つの症状」

では、「資産は豊富だが、社内調整コストがかかりやすい」大企業はどうするべきか？

それは、この「調整コストの煩雑さを乗り越え、本来豊富にあるはずの社内資産をいかに使いこなせるか」に、活路があるはずです。**この「社内調整コストの煩雑さ」こそ、言い換えると大企業病であり、それをハックして改善することができれば、大企業の若手社員でも、自己実現ができるはず**。そしてそれは個人が生き生きと自己実現に向けて働けるだけでなく、企業にとっても今より大きな、そして新しい価値創造を実現するうえで、大事な活路の1つになるはずです。

本書が「個人が現場から大企業をハックする技」に注目したのも、この仮説がもとになっています。

この「煩雑さ」をもう少し、実際に社内で起こりうる事態に細分化するために参考にしたのが、数々の企業で経営チーム強化に携わってきた株式会社プロノバ代表取締役社長の岡島悦子さんが「組織の典型的成人病」として提示された25の症状。これは2017年の

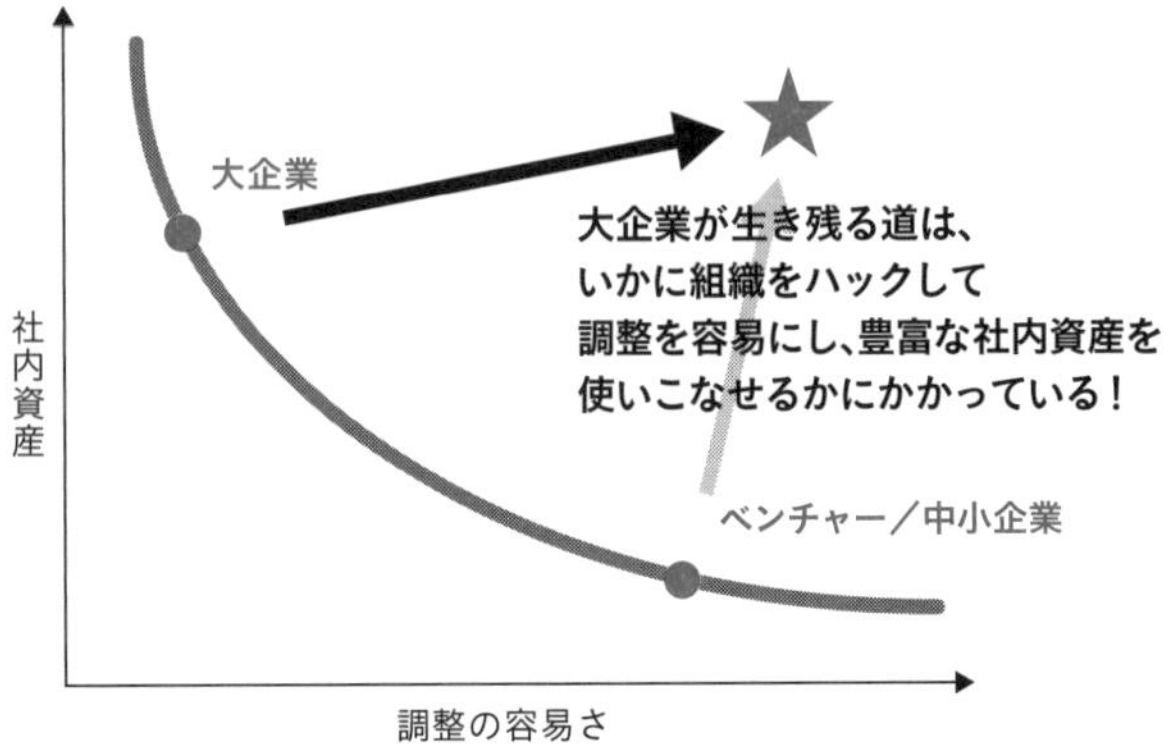
大企業
大企業が生き残る道は、
いかに組織をハックして
調整を容易にし、豊富な社内資産を
使いこなせるかにかかっている！
ベンチャー／中小企業
社内資産
調整の容易さ

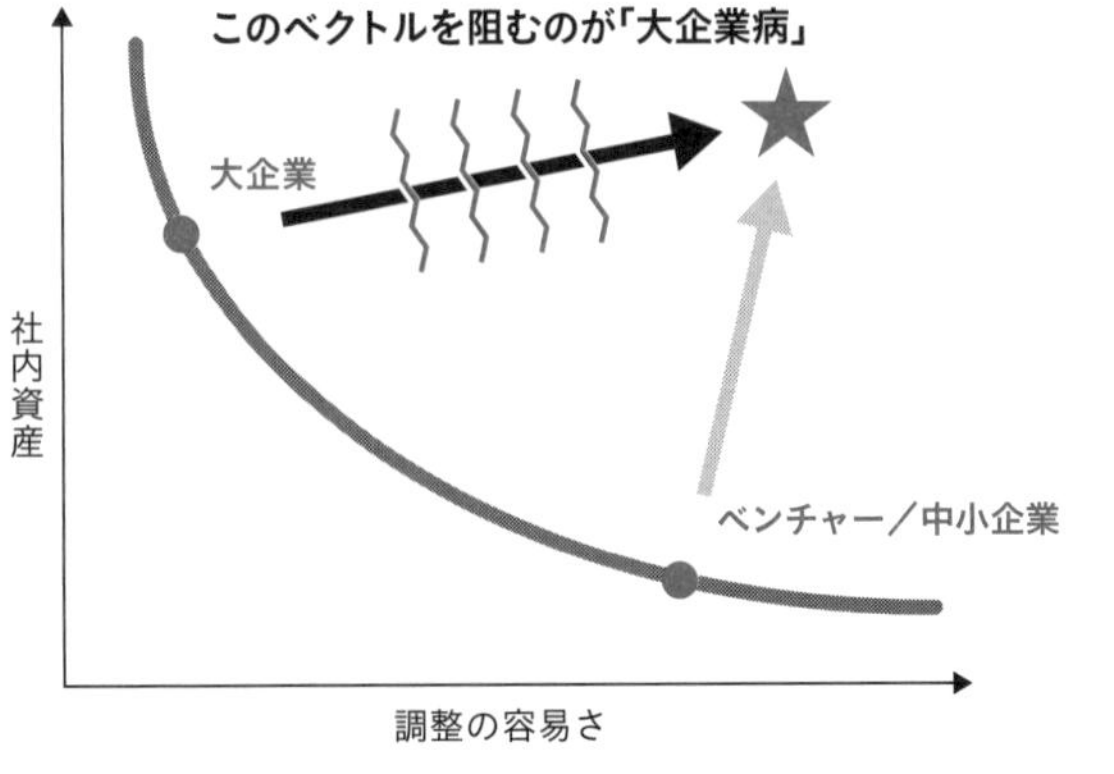
このベクトルを阻むのが「大企業病」
大企業
ベンチャー／中小企業
社内資産
調整の容易さ

ONE JAPANカンファレンスに登壇していただいた際に伺ったもので、これを参考にONE JAPAN内でも議論をしました。多少の違いはあれど、どの所属企業の社員からも「わかる……」という感想が相次ぎ、大企業病にはある程度の法則があることが、リアリティを持って理解できました。

ONE JAPANでは岡島悦子さん定義の25の症例を、大きく5つの「主要な症状」に分類し、加盟団体の「実践者」たちの技が、それぞれどの症状に効く技なのか、構造的に整理しながら収集を行いました。

1 内向き・社内至上主義
2 縦割り・セクショナリズム
3 スピード欠如
4 同質化・新陳代謝不全
5 挑戦・仮説検証不足

本書では、章立てをこの5つに沿って分け、それぞれに効く、厳選された「技」を掲載しています。

| 大企業病の症例 | 健全な大企業 |
|---|---|
| ●内向き・上むき・社内価値至上主義 | ●外向き・社会価値主義 |
| ●縦割り・相互不可侵・三遊間ボール落ち | ●戦略的領域侵犯・有機的連携 |
| ●事業の新陳代謝不全・事業より会社優先 | ●スピーディな事業の新陳代謝・会社の変化 |
| ●仮説検証不足・失敗学習不足 | ●挑戦風土・失敗に基づく改善 |
| ●意思決定先送り・スピード欠如 | ●経営判断の即決・即断 |
| ●平均年齢上昇・人の新陳代謝不足 | ●若さ・新陳代謝・流動性 |
| ●平等主義・抜擢の欠如 | ●成果主義・抜擢による活性化 |
| ●同質・均質・多様性不信 | ●多様性・相互刺激 |
| ●役割限定・他責化の癖 | ●ミッション起点・主体性 |
| ●自前主義・オープンイノベーション懐疑 | ●パートナーシップ・オープンイノベーション |
| ●OB介入・ガバナンス欠如 | ●風通し・透明性 |

## ONE JAPANが導き出した5つの“大企業病”

| | | |
|---|---|---|
| 内向き・上むき・社内価値至上主義 | → | **❶内向き・社内至上主義** |
| 縦割り・相互不可侵・三遊間ボール落ち・役割限定・他責化の癖 | → | **❷縦割り・セクショナリズム** |
| 意思決定先送り・スピード欠如 | → | **❸スピード欠如** |
| 平均年齢上昇・人の新陳代謝不足・事業の新陳代謝不全・事業より会社優先・平等主義・抜擢の欠如・同質・均質・多様性不信・OB介入・ガバナンス欠如 | → | **❹同質化・新陳代謝不全** |
| 仮説検証不足・失敗学習不足・自前主義・オープンイノベーション懐疑 | → | **❺挑戦・仮説検証不足** |

## 「関係性」に働きかけることで、大企業は変わる

もう1つ、これらの症状に共通する重要な要素として、**「すべては関係性の課題である」**ということがあります。

こうした症状が、あるひとりの社員、1つの部署、1つの商品の不具合やミスで起こるのではなく、複数の社員や部署の関わりあいの中で起こるものがほとんどであることは、おわかりいただけると思います。

このことは裏返すと、「自分がひとりでめちゃくちゃがんばればなんとかなる」症状ではないとも言えるため、多くの若手が「どうせ何をしたって変わらない」と諦めモードになってしまう原因でもあります。

ですが、その関係性そのものに個人や、その個人の周囲にいる少数の仲間の力で働きかけることはできるはずです。私たちは、症状別に収集した「技」が実際の社内の「どのような関係性の課題で活用できるか」を、社内をまるで1つの人体のように見立てた「大企業の関係性ＭＡＰ」を作るなどして、構造的に議論・整理してきました。

大企業の関係性マップ
生活者
ユーザー・カスタマー
クライアント
取引先・提携先・投資先
経営層
上長
他部門
有志団体
自身
コミュニティ
NPO・団体・学校
地域・自治体
パートナー
子会社・関連系列会社
コンサルティング会社

「横パス（同じ階層同士の横連携）はスムーズだけど、縦パス（役員巻き込みなど、階層をまたぐ連携）の知恵はまだまだ体系化されていないかも」

「社内連携がうまくいくと、社外連携も自然にできるのでは」

「個人の働きがいが組織の連携にもどれだけつながりそうか見えてきた」

などなど、技同士のつながりや、個人・組織・会社・社会の関係性において技がどのような意味を持っているかなど、単なる「上司のご機嫌取りの方法」にとどまらない、より本質的な技の収集ができたと思います。


**これらの技は、「ひとりの社員であるあなた個人」にとって、大企業の中でも企画を通し、自らの提案を実現していくための参考になることはもちろんのこと、企業にとっても「社員一人ひとりの可能性と才能を、本来持っている有形無形の資産に強く関連づける」ことの第一歩になるはずです。**

そして、個人と会社のその先にある、社会を今より少しでもよい方向に前進させるという本質的な視座においても、役立てられるノウハウになっているのです。

# 第1章

# 社内の「空気」を吹っ飛ばそう!

1

## 内向き・社内至上主義を打破するスキル8

「未知」を逆手にとって
挑戦のとっかかりをつかむ

HACK THE BIG COMPANY

# 01

日本郵便
伊藤康浩 *Yasuhiro Ito*

# 「実演販売」でトップにアプローチ

世の中の新しい技術や面白そうなツールを、自社の事業に取り入れたい――そう考えても、その技術やツールの可能性が未知数なため、実現まで至らないことは多いと思います。

特に大企業の場合はリスクの読めない新しいものへの投資を避けがちで、うまくいく前提がなければ投資どころか話を聞いてもらうことも難しいもの。どれほど面白そうな新技術であっても、それが会社の業績に与えるインパクトも導き出せず、「挑戦したい」と声に出すことすらためらってしまうかもしれません。

しかし、可能性が未知数な技術であるということは、必ずしもマイナスだとは言えません。その技術で何ができるのか、収益化は可能なのか、そもそもどのような技術なのか……まだわからないからこそ、挑戦のためのとっかかりをつかむ方法があります。それが、**トップ（上司）への「実演」によって社内の空気を変えるという方法**です。

日本郵便　伊藤康浩 *Yasuhiro Ito*

1987年山形県生まれ。早稲田大学政治経済学部卒業。2010年郵便事業株式会社（現日本郵便株式会社）入社。郵便配達、システム開発、営業企画、商品企画を経て、2016年にドローン配送PJ立ち上げ。省庁出向を経て、2020年からテクノロジーを活用した既存事業変革に取り組む。2015年5月から有志団体「P∞」に参画し、2020年から代表を務める。

## 社内の空気が変わったトップの前での「実演」

私は、今でこそ、オペレーション改革部でドローン技術による既存事業変革を担当していますが、ドローンに興味を持ちはじめた２０１６年頃、日本郵便ではドローンの実物を見たことがある社員はほぼゼロという状態でした。

当時、社内の有志活動で世の中のトレンドについて話しあう中で、話題に上ったのがドローン技術。２０１５年９月にはドローンに関して航空法が改正されたり、ドローンによる物流実現を政府が発信したりと、世の中的にも会社的にもタイムリーなアイテムでした。

そこで、有志活動でつながりのあった斜め上の上司に、業務として取り組めないか相談。すると、興味を示してくれたうえ、ドローンに関する勉強会の情報も提供してくれたのです。その後、縁あってその方が私の直属の上司になったため、ドローンの事業化に向けて一緒に検討を進めていきました。

　ドローンについて情報を集めるうち、労働集約型であることに課題を感じていた自社にとって、ドローンは一石を投じられるのではないかと考えるように。今すぐには事業性がないとしても、検証を行いながら地道に進めていく必要がある。そう思って再び上司に相談すると、社長へのプレゼンの場を用意してもらえることになりました。

　そして、**社長室へドローンの実機を持っていき、執務室で飛ばしてみせたのです。**すると社長は、「配達に使えそうだなぁ」と検証を進めることに好意的な反応を示してくれました。今はまだ実用不可能であるという共通認識を持ちつつ、郵便や物流というインフラを担う日本郵便の１００年先まで続く持続可能性のためにと、トップの承認を得られたことで、社内は挑戦を見守る空気に。少額の予算からではありますが、実証をスタートできることになったのです。

## ポイント１　とっかかりをつかむための２つのポイント

　当時はまだ目新しい技術だったドローンを社内で認めてもらえたのは、トップ（上司）への実演によって承認してもらえたことが大きな要因です。しかし、この「実演」につなげられたのには、2つのポイントがあったと考えています。1つは、スタートの切り方に関する逆転の発想です。

物事にはフェーズがあり、そもそも何も始まっていない段階で「こんな技術があります」「こういう新しい取り組みをやりたいです」と言われても、判断することができません。

それでも、何かとっかかりをつかまなければ物事は始まりません。**そんなときには、こんなこともあんなこともできると言って期待値を高めるのではなく、「未来への投資」ということを伝えたうえで最初の一歩の了解を得るのです。**

私が取り組みたかったドローンも、既存事業にどう影響するのか、当時の状況では誰も判断できませんでした。

そのため、現状をきちんと共有したうえで「小さく始めて、ダメならやめる」と伝えると、他の社員からも「既存の業務に影響が出ない範囲でやってもらえればいい」と反対されなかったのです。もしこれが今すぐ既存事業へ食い込むような技術だったら、慎重な意見が出て実現に至らなかったかもしれません。

## ポイント2　「毎日、まじめに、コツコツと」が道を拓く

もう1つのポイントは、日々の業務にきちんと向き合うことです。私自身、もともと中学生の頃から郵便事業を志していましたが、ドローンの事業に取り組む以前は、自分が好きな会社だからこそ、業績にインパクトを与えるような業務に関わりたいと思い、**そうした「打席」に立つためには、目の前の仕事を疎かにしないということを大切にしていました**。そうした日々の積み重ねがあったからこそ、上司や周囲からも協力的に見守ってもらえたのだと思います。

いくら世の中の技術の進歩や社会情勢など、さまざまな条件がうまく合致したとしても、時々の仕事にきちんと向き合い、日々のコミュニケーションを疎かにしていては、周囲の協力を得られません。トップにプレゼンする場を設けてもらえたのは、私の上司の人柄や先見性のおかげですが、もし私が本業をなおざりにするような人間だったら、キーマンに巡り会う幸運はつかめなかったでしょう。

どんな企業の経営者でも、自社の持続可能性を考えつつも、未知の物事を判断することは、なかなか難しいもの。自社の将来に貢献できると思っていても、なかなか理解してもらえないと悩んでいるなら、トップへの「実演」という手段で挑戦へのとっかかりをつかんでみてはいかがでしょうか。大企業だからこそ、トップへのアプローチで社内の空気は大きく変わるはずです。

## SUMMARY

**「やったらうまくいく前提でないと話も聞いてもらえない」と悩んでいませんか？　そんなときは、トップ（上司）への「実演」を通じて、少しでも「将来につながる」と感じてもらえれば、挑戦へのとっかかりをつかめるでしょう。**

まるで本物! 圧倒的クオリティで
使い心地まで伝えて企画を通せ!

# クオリティドリブン説得

HACK THE BIG COMPANY

02

SpoLive Interactive／
NTTコミュニケーションズ
岩田裕平 Yuhey Iwata

まだ誰も見たことのない、新しいプロダクトやサービスを社内で作りたいと思ったとき、どのような方法でプレゼンをしていますか？

たとえば新しいサービスを開発する場合、まずサービスのイメージ画像を作り、それをもとにプレゼンを行うことが多いかもしれません。しかし、まだこの世に存在していないサービスの価値を、簡易な画像だけで理解できる人はどれほどいるのでしょうか。

大企業では特に、新規事業や新サービスの開発に対し、慎重かつ批判的になりがちです。既存事業を伸ばし、多くの従業員の雇用を確保しつづけるためには、不確実性の高い事業への投資が認められにくいのが実情です。

**しかしそれに甘んじていては、いつまで経ってもファーストステップが踏み出せません。**斬新なアイデアでも「このようなものがあったら欲しい」「実現できたら面白そう」と意思決定者に思い込んでもらい、社内からリソースを獲得する必要があります。

SpoLive Interactive／NTTコミュニケーションズ　岩田裕平 *Yuhey Iwata*

SpoLive Interactive株式会社CEO。東京理科大経営学部アドバイザリーボード。2013年理学研究科修了。NTTコミュニケーションズ入社後エンジニア兼UXデザイナーとしてAIのR&D等に従事。2017年よりデザイン経営やスタートアップ協業を推進。2020年新事業専門管理職として再入社、同年SpoLiveを起業し出向。人間中心設計専門家。

そこで効果的なのが、本来であれば新規事業に取り組む際にやるべきではないのですが、**やたらと徹底的にクオリティを上げたプレゼン資料によって、コンセプトに対して情緒的に賛同してもらう技**です。

## 作り込まれたプレゼンでユーザー体験を提供

かつて、社内で新サービスの企画プレゼンを行った際に、ある方法によってファーストステップを踏み出しやすかったという経験があります。このときに注力したことこそ、プレゼン資料のクオリティを上げることでした。

具体的に行ったのは、サービスを実際に使っているかのように見せる動画やアニメーションの制作といった、伝え方自体の体験設計です。たとえばアプリであれば、ペーパープロトタイプや通常の静的なプロトタイピングツールのレベルではなく、アニメーションまで含むようなリッチなプロトタイプを手軽に作れるツールを利用し、まるで本物のアプリのような見た目のプロトタイプを作成しました。また、スライド自体を広告会社が提案時に使うようなレベル感に仕上げることで、より効果的に賛同をしてもらえるという発見がありました。

上記の技は、一般的な新規事業の定石には反していますし、まったく本質的なことではありません。通常は、なるべくコストをかけずに作ったペーパープロトタイプ等を使ってサービスのユーザー体験や事業性を論理的に理解してもらうべきです。

しかしそれだけでは、意思決定者の納得が得られないことも多いのも事実です。どんなに可能性があっても、どんなに事業性があっても、結局は意思決定者の選球眼次第でよし悪しが決められてしまうケースがあります。そのため私は、本物に限りなく近いサービスのプロトタイプを見せたり、本当に発売直前に流すようなコンセプトムービーやポスターのプロトタイプを作ったり、一流の広告企業から出てくるような提案資料やスライドを作ったりすることで、**少しでも意思決定者が納得しやすい理由づくりをしようと考えたのです。**

より多くのクリエイティブを提示することで、意思決定者に「これなら市場でも受け入れられるのではないか？」「事業になりそう」と思ってもらう。見ている人の感情に訴えかける。その結果、ロジックだけでは納得してもらえなかった企画も、スムーズに承認してもらえました。

YES ANDの文化が定着していない大企業において、よほど新規事業に理解のある組織でない限りは新たな取り組みに対して批判的に見られがちです。一方、作り込まれたクリエイティブがあれば、イメージしやすく、拒否反応を抑えられます。「ここまで作り込んだのか」と、やる気を認めてもらえる部分もあるでしょう。

## バッターボックスに立たなければ前に進めない

私はもともと、気合いの入ったプレゼンには手の込んだ資料を用意したい性格です。だからこそ、**「手の込んだ本気のプレゼンなら社内を動かせる」**ことに気づきました。特に〝エモい〟動画が効果的です。

クオリティを高めるためのプロトタイピングツールや動画制作ソフトも、私がこれまで好きで使っていたから手軽に利用できた側面があります。

もし、そういったツールを使うのが苦手であったり、クリエイティブ制作に関する知識がなかったりする場合は、得意な友人や同僚に頼ってみるといいでしょう。初心者が一から勉強するより圧倒的に早く、クオリティの高い資料が作れるはずです。

ただし注意しなければならないのは、クオリティの高いプレゼン資料を作ることは、あくまで社内を動かすための技でしかないということです。プロダクトをイメージしやすくし、社内の理解を得ることはできても、本当に価値のあるプロダクトでなければ企画を通す意味がありません。仮に企画が通っても、プロダクトとしては失敗するリスクがあります。

「どうしても実現したい」「大義がある」と思えるプロダクトやサービスのアイデアがあるのなら、この手法で社内を説得し、一刻も早くスタート地点に辿り着いてほしいと思います。

ユーザー検証ができておらず、本当に価値があるかわからない場合もあるでしょう。それでも、社内のリソースを獲得してスピーディーに検証する必要はあります。クオリティの高い資料を作ることは、その一助になるはずです。

一見すると本質的ではないように思えるこの技。**自分の企画に自信を持っているにもかかわらず、社内を説得できず前に進めないと悩む人にこそ、使ってほしいと考えています。**

リソースを得て、新規事業にチャレンジするためには、まずバッターボックスに立たなければなりません。これはそのための技です。ヒットを打てず、三振になってもかまわない。「いいチャレンジだった」と失敗から学ぶことができれば、バッターボックスに立った意味はあります。本気で実現したいことがあるなら、ぜひこの技で社内を巻き込んでみてください。

## SUMMARY

**大義と明確なロジックがある企画にもかかわらず、上司の承認が得られないまま足踏みしているなら、クオリティの高いプレゼン資料を用意して感情を揺さぶろう。**

どんな提案も、最後まで
聞いてもらえなければ始まらない

HACK THE BIG COMPANY

# 03

トヨタ自動車
土井雄介 *Yusuke Doi*

# 資料の棘は抜け！

プレゼンの途中で指摘や質問をされて先に進めず、最後まで説明できないまま時間切れになってしまった――そんな経験を持つ方は多いのではないでしょうか。途中どころか、最初の1~2枚を説明した時点でツッコミが入り、本題まで辿り着けない場合もあるかもしれません。

説明を最後まで聞いてもらえないので、企画に対する決済がもらえず、想定していた日程通りに進められないリスクが出てきます。報告相手が経営層であれば、次の報告まで日程が空いてしまうことも。スケジュールが後ろ倒しになり、多くの人に迷惑をかけてしまうことも考えられます。

そのような事態を避けるためには、確保した時間内に資料の説明を終えなければなりません。**では、どうすれば途中でツッコミを受けずに最後まで聞いてもらえるのか。私が実践しているのは、「資料の棘を抜く」ことです。**

## 棘を抜く＝相手に伝わる言葉に置き換える

私はかつて役員直下の特命担当として業務を行っていたことがあり、頻繁に

トヨタ自動車　土井雄介 *Yusuke Doi*

1990年静岡県生まれ。2015年東京工業大学大学院卒業後、トヨタ自動車に入社。物流改善支援業務を行ったのち、社内公募制度に起案し、2年連続で事業化採択案に選出。役員付きの特命業務を担当。その後自身でベンチャー出向を提案し、AlphaDriveに参画。2016年「A-1 TOYOTA」を共同で立ち上げ、ONE JAPANに参画。幹事／TOKAI代表を務める。

役員報告を行っていました。しかし、なぜか資料の1～2枚目で質問やダメ出しを受けてしまい、そこから先を説明できないまま報告時間が終わっていたのです。

私自身は問題ないと思って作った資料でも、役員にとっては違和感として引っかかった様子。違和感となっている部分が解消できなければ、そこから先の説明も聞いてもらえません。こちらの言い分を必死に伝えても納得してもらうことができず、プレゼンは失敗に終わるということがままありました。

そのとき、伴走してくれていた先輩社員から、プレゼン資料に対して次の2つのアドバイスをもらったのです。

① 相手に伝わりやすい言葉を使う

② 相手が話した言葉を使う

**「相手に伝わりやすい言葉」は、言い換えれば、聞き慣れない言葉を使わないということ。**

自分が普段から使っている横文字の言葉も、報告を受ける役員からすれば聞き慣れないかもしれません。もしくは、定義が曖昧な言葉を使ってしまい、誤解を受ける可能性もあります。普段から社内資料で使われている言葉や、伝えたいことを噛み砕いた言葉などで、誰が聞いても理解できるように説明することが大切なのです。

**2点目の「相手が話した言葉」というのは、以前に打ち合わせや報告会などで実際にその人が話したことを指します。**人は、自分が発した言葉を否定することはありません。資料の最初に相手が以前話していた言葉を使い、「こう言っていましたよね？」と確認をとれば、必ずYESの返事がもらえます。YESからスタートすると、相手も関心を持って聞こうとしてくれるため、スムーズに説明を進められるのです。

加えて、「以前お話しされていた課題について考えてきました」という切り出し方をすれば、相手も「覚えていてくれたのか」と好意的な印象を持ってくれます。逆に、まったく聞いたことのない言葉から始まる資料であれば、相手も身構えてしまい、些細なことにも指摘が入ってしまいます。

可能であれば、事前に情報共有をしておくこともおすすめです。提案したい内容について、世間の認知度や他社事例など関連する資料を共有しておけば、相手にとって「初めて聞く話」にならないので、話が通りやすくなります。

このような方法でプレゼン資料を準備するようになってからというもの、途中で説明を止められる確率がグッと下がりました。また、こちらに好意的な状態で聞いてもらえるようになり、ポジティブな反応をもらえることが増えたのです。

## 事前に材料を準備して、相手の抵抗感をなくそう

報告を行う相手にとって知らない言葉・聞き慣れない言葉を使うと、それ自体が棘として引っかかりを作ってしまいます。そのため、言い回しを熟考することが重要です。

他にも、「関係部署の意見がわからない」ということが棘となる場合もあります。たとえば、私が提案していた「私自身のベンチャー企業への出向」については、直属の上司だけでは判断できない案件でした。人事部や役員の意見がなければ判断できないことが、棘となったのです。**どれだけ練られた企画であっても、棘があるだけでそれ以上先に進めなくなります。**

そこで私は、社内で出向に関わる部署や関係者すべてに直接連絡をとり、意見を聞いて回りました。全員の合意を得た段階で、上司に再度プレゼン。すると、「他の人がいいと言っているのなら」と認めてもらえたのです。このような棘の抜き方もあります。

**まずは、何が相手にとって棘（＝引っかかりポイント）になるのかを知っておくことが大切です**。社内で聞き慣れない言葉や、意味が曖昧になりそうな横文字などは避けたほうがいいでしょう。関係部署の合意が必要な企画なら、先回りしてヒヤリングしておくのも手です。

報告する相手にとって、抵抗感なく話を聞ける状態にすること。そして、相手が意思決定できるような材料を事前に揃えておくこと。この技を使えば、「説明を最後まで聞いてもらえない」という悩みはきっと解消できるはずです。

SUMMARY

プレゼンを最後まで聞いてもらえないケースの大半は、資料にある「棘」を抜く作業を怠っているから。「相手にとって何が引っかかりそうか」を徹底的に考えて準備するクセをつけよう。

## 「大企業ならではの自信過剰」を突破するための2段構えの大技

HACK THE BIG COMPANY

# 04

パナソニック
宮島勇也 Yuya Miyajima

# 井の中の蛙ブレイク

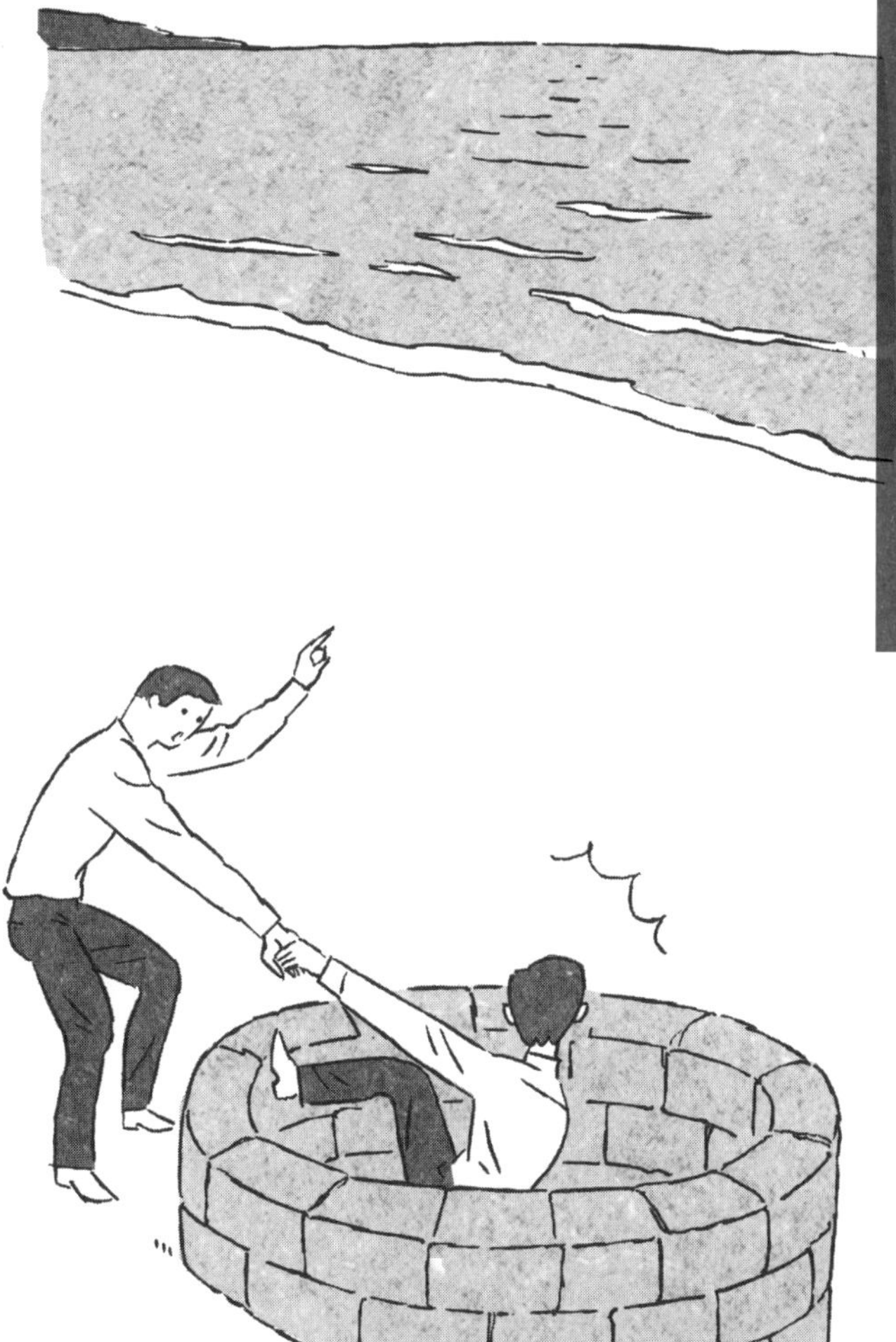

大企業においては時に「新しいことを取り入れられない」という問題にぶつかります。経験によって裏打ちされた技術や知見が豊富に蓄積されているため、新しいことを取り入れるメリットや意義に対して懐疑的になりがちだからです。

しかし、それらをあまりに過信すると「井の中の蛙」状態となり、知らず知らずのうちに社会から置いてきぼりにされてしまいます。**そうした状況を打破するのに役立った技が「井の中の蛙ブレイク」。業務外のリソースを使い、自分やみんなが大海へ飛び出る道筋を作ったのです。**

## フェーズ1
## 自ら「外」に飛び出し、良質な情報ネットワークを築く

私がパナソニックに入社したのは2016年。数百人の組織の中で、初めての中途社員として転職してきました。「社外経験者だからこその感覚で新しい風を吹かせてほしい」と言われていたこともあり、初めのうちは、社外の情報やさまざまな改善提案をしていました。しかし、提案をすれどもすれども、まったく耳を貸してもらえない日々が続いたのです。

パナソニック　宮島勇也 *Yuya Miyajima*

1982年京都府生まれ。大阪電気通信大学電子機械工学科卒業。2005年東レエンジニアリング入社、世界で初めて超音波浮上を実用化。2016年にパナソニックに入社。既存の組織ではやりにくいことを「趣味でイノベーション」と表現。社内でバウンダリースパナーとなりイノベーションの量産にチャレンジしている。

その経験を通して見えてきたのは、大企業だからこそその「自信」でした。パナソニックの創業は1918年。およそ100年続く自社の歴史と世界企業としての技術力に誇りがあるからこそ、世間の新しい技術や知識に関心が薄い人が多かったのです。ついには頼みの綱だった上司にも「ごめんな、古い組織で」と謝られてしまい、それを機に、この組織でイノベーションを起こすことを諦めるようになりました。

一方ちょうどその頃、人と会う機会を増やしていました。業務外の時間や、仕事を早く終わらせて生まれた時間に他部署の人に会いに行ったり、プライベートで異業種交流会などのイベントに参加したりしていたのです。その数、多いときには月に約200人。**出会いを通して、私の中にさまざまな職業・立場の人の情報や知見が集まっていきました。**

それと同時に、仕事にもある変化が起きました。会議の議題に対して、参考になりそうな事例や力になってくれそうな人・組織などの具体的な提案ができるようになってきたのです。

すると、今までまったく進まなかった議論が徐々に進みはじめました。私を媒介にして、社内の人たちと、外部の技術や知見がうまく接続されたのです。ちなみに、自分が持っている情報は会議中に提案するよりも、会議後、発言者に個別で情報提供し、自分で気づいてもらったほうがよりスムーズに話が進みます。

こうして自らが「井の外」に出ることで、内向きだった組織が、徐々にその殻を破り、イノベーションの兆しが見えはじめていったのです。

## 傾聴とユニークな肩書きで自分の中に情報資産を蓄積する

自らが外に出て行くと、結果として、自分の中に情報ネットワークが形成されていきます。この情報資産が触媒として機能することで組織の殻を破っていく、というのがフェーズ1と言えます。

余談ですが、月200人との出会いを自らの資産に変えられたポイントは2点あると思っています。

**1つ目は、熱心に話を聞くこと。**私の場合は、自分にない視点を知りたくてついあれこれ質問してしまうだけなのですが、それは「あなたに興味がある」という言外のメッセージとなり、仲を深めることに役立ちます。

**2つ目は、志の近い人が興味を持ってくれるような自己紹介をすること。**私は自己紹介で「趣味はイノベーション」と伝えていました。そのため、自然とイノベーションに興味がある人と仲よくなることができたのです。みなさんもぜひ、インパクトのある自己紹介を考えてみてはいかがでしょうか。

## フェーズ2
## コミュニティを活用し、みんなが「外」に飛び出す仕組みを作る

私の最終的な目標は、パナソニック内でイノベーションの量産を起こすこと。当然、私ひとりでそれを達成するには限界があります。多くの人に「井の外」に出て行ってもらい、各々に情報資産を蓄積していってもらわなければなりません。自分だけでなく、周囲も外に出て行くという意味ではフェーズ2と言えます。

**そこで、仲間を集めるために2年ほど前から始めたのが、複数コミュニティの運用です。**

初めに作ったコミュニティのテーマは「宇宙」。社内には宇宙関連技術に興味がある人が大勢いたので、その人たちを集めてFacebookグループを作りました。メンバーは、もともと知り合いだった人の他、「あの人ならやってくれるかも」とおすすめされた人を誘ったり、必要な技術やスキルを持つ人に声をかけたりして集めました。

コミュニティの利点は、情報が集まりやすい点にあります。メンバーがプラットフォーム上に、コミュニティテーマと関連ある情報を投稿してくれるので、自分から取りに行かなくても、どんどん情報の引き出しを増やすことができるのです。また、困ったことやわからないことがあれば、質問を投げかけることで誰かに教えてもらえることもあります。

**コミュニティは社内外の情報へのアクセスを容易にし、関わる人が「井の中の蛙ブレイク」することを後押しする装置として機能してくれるのです。**

宇宙コミュニティは、その活動の成果が認められ、今では正式な社内プロジェクトとなりました。現在私の業務配分は、本業6割、宇宙事業開発が2割となっており、残りの2割の時間を使って新規事業開発も進めています。

他にも部署内に女性が少ない組織が多く、悩める女性がロールモデルに出会うための女子会「Panasonic Women's Network」や、マインドフルネスを実践するチーム「P-Pause」など、切り口を変えてさまざまなコミュニティを立ち上げたり、そのプロデュースを行いました。今ではプラットフォーム機能をFacebook上から会社で利用しているTeams上に移行して運用しています。

みなが「外」に飛び出していく仕掛けが機能することで、会社も変わりはじめています。

コミュニティを作りはじめてからはさらに多くの人と関わるようになり、噂を聞いた広報部が活動を記事にしてくれたり、社内イベントのゲストとして呼ばれたりするようになりました。その結果、社長も含めた多くの人から「イノベーション活動家」として知られるように。全社が私の活動を認めてくれたことで、個人的に進めていた活動も、業務として認めてもらえるようになったのです。今では、別の部署に新規事業の話を持って行くと、すでに私の活動を知ってくれている人が多くて、ずいぶん話が早くなりました。

**かつての私と同じように、今いる場所に新風を送り込めず歯がゆく感じている人がいたら、まずは利害関係のない社外の人に積極的に会いに行ってみてください。**他の業種の人とちょっと話すだけでも世界が広がると思います。そこで「あ、自分って井の中にいたんだ」と気づけたら儲けものです。井の中から飛び出したいときは、まずは自分が率先してやってみる。それがいずれは会社を変える最初の一歩となるかもしれません。

SUMMARY

新しい提案が拒絶される。そんな組織にいて悩んでいるのであれば、自分から「外」に飛び出し、そこで得た情報を活用して組織の殻を打ち破る、という手段をぜひ検討してみてください。

共創は、自社の「当たり前」を
破ってこそ生まれる!

HACK THE BIG COMPANY

# 05

Ridgelinez
山田修平 Shuhei Yamada

# 「別ルート」でイノベーション

大企業でイノベーションが起こりにくい背景には、エース級人材が既存事業に専念していたり、意思決定者の承認を得るプロセスでリスクの高いアイデアが却下されたりといった、大企業特有の事情があります。

では大企業でイノベーションを起こすことは不可能なのでしょうか。私は「不可能ではない」と思っています。むしろ、大企業でしか起こせないイノベーションもあるはず。ただ、「既存のルールや方法に頼っていてはイノベーションは起こせない」とも感じます。

**大切なのは、自分の中にある「当たり前」を否定し、新たな手法にトライすること。そして、自分の新規事業のアイデアが社内の多くの人から理解を得なければ、という考えに縛られないことです。**

どうしたら大企業でイノベーションを起こせるのか。どのような手法でトライすれば実現できるのか。私の場合、その答えは自社の中に存在しませんでした。

Ridgelinez | 山田修平 *Shuhei Yamada*

1984年茨城県生まれ。2008年富士通入社。営業、新規事業開発を経て2020年4月よりDXコンサルティング会社であるRidgelinezに出向。三越伊勢丹との共創にて、ファッションシェアリング/サブスクサービス「CARITE」をリリース(2020年7月31日サービス終了)。ANAとの共創にて「手ぶら旅行サービス」をリリース。現職にて、DXによる新規事業開発、共創プロジェクト等の支援を実施。

## イノベーションはイノベーション屋に聞け！

過去、多くの人が大企業内で新規事業創出に挑戦してきました。しかし、その成果が実を結んだ事例は限定的です。私も新規事業を生み出そうとする中で、多くの壁にぶつかってきました。そうすると、「大企業の中で新規事業を創り出すのは無理だ」と諦めたくなってしまいます。

しかし私の中に、この状態への疑問が湧いてきました。「なぜうまくいかないのか？」「一体どうしたら大企業の中で新規事業を実現できるのか？」と。

そんなとき、社外のセミナーで「大企業ではイノベーションは起こらないのが通説だ」と聞きました。その瞬間、私の中で「だからうまくいかなかったのか」と腹落ちしたのです。

大企業は、既存事業をいかに成長させ、いかに効率化するかに特化した仕組みを作っています。そのため、部署ごとに役割が決められ、社員はそのポジションでプロフェッショナルを目指していきます。大企業病の1つとされる「縦割り」も、既存事業を徹底的に効率化するために必要な仕組みと言えるでしょう。そもそも大企業は、イノベーションが起こりにくい組織設計がなされているわけです。

私はこれまで、社内のやり方やルールに従い、周囲の理解を得ながら新規事業を形にしようと試みていました。しかしそれは、そもそも無理なやり方だったのだと、セミナーを聞いて理解したのです。

**新規事業を生み出すには、これまで既存事業で踏襲してきたやり方をすべて疑い、真逆とも思えるアプローチをしなければなりません。**

そこで私はまず、スタートアップのやり方を徹底的に分析しました。スタートアップは、新規事業創出のプロフェッショナル。「餅は餅屋」と言うように、その道の専門家を真似すれば、うまくいくのではないかと考えたのです。

たとえば、他社との連携もそうです。大企業の場合、可能な限り自社でまかなおうと考えます。しかしスタートアップは、事業のすべてを自社でまかなわず、特定分野のプロフェッショナルと手を組みます。

私もそれを見習って、「この事業に欠かせない、でも自社の得意分野ではない」部分に関しては、外部の企業と連携して実現させることにしたのです。具体的には、デザインを専門企業に依頼したり、モバイルアプリをスタートアップ企業とともに制作したりしました。

スタートアップの「リソースをすべて事業に注ぐ」という姿勢も真似しました。会社が終わった後の時間も休日も、また自分のお金さえも使って新規事業に専念。通常であれば「それは業務時間内にやること」と割り切って、ここまでリソースを注ぐことはなかったでしょう。

**大企業の「普通」や「当たり前」と真逆のやり方を試したことで、私のアイデア「洋服のシェアリングサービス」は新規事業として実現できました。**

## ゴールに向かう道は1つではない

新規事業のアイデア自体は間違っていないはず……そう信じていても、社内の理解が得られないことは多々あるでしょう。私はそれでいいと考えています。むしろ、そうでなければならない。**なぜなら、この世にまだないアイデアというのは、多くの人に理解されないものだからです。**もし大企業の中で理解されたとしたら、それは既存事業に近いものかもしれません。

実現までの道のりも、従来と同じではうまくいかないでしょう。自分のアイデアを信じているならば、大企業の既存ルールに従うのではなく、これまで社内になかったような方法を試す勇気が必要です。

私が試した「スタートアップを見習って他社との共創を行うこと」、そして「リソースをすべて注ぐこと」は、大企業の中では認められにくいかもしれません。そのような状況で新たな手法を使うには、まず「これまでのやり方では不可能である」と思ってもらうためのエビデンスが必要です。

他社と連携するにしても、自社の得意分野ではなく実績のない分野を依頼することで、納得してもらいやすくなります。もちろん、「ここと連携すべき」と言われそうな部署や既存の取引先には事前に話をし、協業の可否を確認しておきます。

このやり方は、正攻法ではないと思われるかもしれません。でも、正攻法では成功した事例がほとんどない、という現実があります。**目指すゴールが同じなら、道順にはこだわらない**。それが、大企業でイノベーションを起こすために必要な思考ではないでしょうか。

SUMMARY

いつの間にか「会社のルール」に縛られて視野が狭くなっていませんか？　イノベーションに至る道は1つではありません。たとえルールから逸れようとあらゆる方法を試してみましょう。

# 否定しないイノベーション

イノベーションのヒントは、
会社が歩んできた歴史の中にこそある

HACK THE BIG COMPANY

06

東洋製罐グループ
遠山梢 *Kozue Toyama*

イノベーションやSDGsなどで世の中が激動しているのを感じるけれど、その流れに取り残されているのでは——保守的な業界にいると、そんなモヤモヤがあったりしませんか？

**創業100年以上の老舗メーカーの中しか知らなかった私も「何か動かなくては……でもどうしたら？」と危機感を覚えていたひとりでした。**

入社したのはガラス・金属・樹脂・紙という4大素材すべての容器を作る総合容器メーカー「東洋製罐グループ」の、ガラスびん事業会社である東洋ガラスでした。そこで担当したのが、海外のガラスびんメーカーへの技術支援コーディネート。もともと技術やモノづくりが好きだったので、技術者と一緒に海外現地でモノづくりに携わる仕事にワクワクしながら取り組んでいました。

一方で売上の9割を占める国内市場はじわじわと縮小を続けていました。そこで手を挙げ、国内で新たな市場を創り出す部署へ移ったのですが、社内には新規事業創出の経験が少なく、私は社外にそのヒントを求め動きはじめました。東洋製罐グループ横断の有志団体ワンパクとして、ＯＮＥ ＪＡＰＡＮに参加

東洋製罐グループ　遠山梢 *Kozue Toyama*

1983年生まれ。早稲田大学商学部卒業。2006年東洋ガラス入社。海外事業部門でガラスびん製造技術支援コーディネートを担当。新市場開拓部門を経て、2019年に東洋製罐グループのソーシャル・イノベーション・プロジェクト「OPEN UP!」を始動、シンガポール拠点「Future Design Lab」に立ち上げメンバーとして赴任。

するようになったのもその活動の1つです。

その後、創業100年を超え、次の100年を目指すため、グループトップからイノベーション推進の号令がかかったのを機に、2019年に、社会課題の解決とグループの事業領域拡大の両立を目指すソーシャル・イノベーション・プロジェクト「OPEN UP!」を始動。その推進部門として、シンガポールに「Future Design Lab」という拠点ができました。私はその第1期立ち上げメンバーの公募に応募、赴任することになりました。

トップの号令も、ハコも、有志団体もある。でも具体的に何をするのかは定まっておらず、私自身も何から始めればいいのかわからない……。そんな状態からイノベーションへの挑戦が始まりました。

## ポイント1　歴史を深掘る——100年の歩みを否定しない

「OPEN UP!」プロジェクトは、2020年9月、シンガポールを拠点とする甲殻類の細胞培養スタートアップ「Shiok Meats（シオック・ミーツ）」への出資を実施しました。東洋製罐グループのスタートアップ投資1号案件として、アジア都市部における食糧危機解決を目指す共創をスタートすることに成功したのです。この経験からみなさんにおすすめしたいのが**「否定しないイノベーション」**です。

「Future Design Lab」に着任した当初、私はまさに手探り状態で、シンガポールに限らず世界中のスタートアップピッチやミートアップなどを渡り歩いていました。そこで出会ったのが「Shiok Meats」の共同創業者兼CEO、サンディヤ・シュリラム博士でした。彼女のピッチを見て、その課題感、見ている未来の社会像に衝撃を受けた私は、すぐに彼女をつかまえて話をしました。それから同社が参加するイベントに訪問する、SNSを追いかけるなど、泥臭く必死にアプローチを続けました。

というのも、細胞培養で食品を作るというバイオテックベースの最新フードテックを進める彼女たちも、食品容器に関する技術を持つ私たち東洋製罐グループも、サステナブルな食品を食卓に届けたいという点では同じ。これは、私たちがやるべきことだ、と直感したのです。

ところが培養肉事業についてグループ社内に報告すると、食糧危機の解決という社会的な意義については理解されるものの、東洋製罐グループが挑戦する意味をなかなか納得してもらえません。「うちは容器の会社じゃないか」というような声も上がりました。でもそれは新しい挑戦への否定ではなく、前例がないことへの不安の表れだったのです。これまでやってきたことの延長線上にはないイノベーションを示されると、まるで今やっていることを全否定されているように感じても仕方ないことだと思います。

**そこで「これまで100年やってきたことを新しいやり方にアップデートするだけ」というように伝え方を変えてみると、腹落ちしてもらえるようになりました。そのときに役立ったのが、自社の100年史を紐解くということです。**

東洋製罐が創業したのは、日本が日露戦争、第一次世界大戦を経験し、これから人口が増えていくと言われていたときでした。十分な食糧の確保と雇用を支える産業基盤が必要とされる中で、水産缶を国内製造することで日本社会を支えようと創業したのです。「そんなDNAを持つ企業が、今後人口が激増するアジアにおいて食と雇用を創り出していくことになぜ挑戦しないのか?」そう働きかけると、次第に「やってみよう」「どうしたらできるだろうか」という方法論が議論されるようになっていきました。

方法論を議論するうえでも、これまで実施してきた事業・市場開発について紐解くことが重要でした。埼玉大学の宇田川元一先生にイノベーションの戦略アドバイザーとして参画していただき、たとえばヒット商品についての技術やノウハウを追うだけではなく、その裏側にある「勝ちパターン」を掘り起こしていきました。するとそうした成功体験にこそ東洋製罐グループならではのイノベーションのヒントがあると捉えることができたのです。そして自分たちだからこそできる、という実感へとつながってきています。

## ポイント2　思いを深掘る——共創は共感から始まる

**100年の歴史を深掘りしていくことには、社会課題解決を事業で行っていくという視点で、もう1つ重要なポイントがあります。それは、「Shiok Meats」が抱く思いへの共感ができたことです。**

サンディヤ・シュリラム博士は、シンガポール政府の科学技術研究機関であるA*Starでのキャリアを捨て、自らの技術を社会課題解決に役立てようという強い決意を持って創業しました。それは、科学者や技術者が取り組んできた技術を研究で終わらせず、社会貢献にきちんとつなげていきたいという思いでした。これは、モノづくりを通してよりよい生活になるよう技術で貢献することを実直に続けてきた東洋製罐グループも同じように持っていた思いです。この共感が食糧危機解決という大きな社会課題を「一緒にやりたい」という気持ちにつながっていきました。

他にも、女性研究者2人で立ち上げた「Shiok Meats」が、女性や若手の科学者、技術者を積極的に採用して活躍の場を創り出しているところにも共感しました。

こうした多くの共感ポイントがあり、ともにイノベーションを進めるパートナーとして、彼女の人間性を経営層に伝えることができ、コロナ禍のため一度も対面できずオンラインのみの対話という条件下であっても、投資実施という経営判断となりました。

## 歴史と思いの掛け合わせで、加速するイノベーション

OPEN UP! プロジェクトを、スピード感を持って進められてきたことには、実は私自身も驚きました。「Shiok Meats」との共創で言えば2020年春から交渉をスタートして9月には出資を実施。コロナ禍の真っ只中で海外スタートアップへ投資するという初めての試みにもかかわらず、スケジュール通りに進めることができたその背景には、バックオフィス部門の積極的な協力がありました。「東洋製罐グループは、こういう取り組みをや

るべきだと思っていた」という人たちが、開発部門以外からも続々と参加してくれ、投資に至る仕組みづくりを一緒に進めてくれたのです。

取り組みがメディアにも取り上げられると、食品メーカーなど従来の取引先から「いい取り組みですね」と評価していただくこともあり、既存の容器営業部門などグループ内でも関心を持ってもらえるようになってきました。「Future Design Lab」第2期メンバー社内公募の際には、さまざまな部門からたくさんの応募があり、営業部門の20代メンバーがチームに加わってくれることになったのも嬉しい効果です。

当初はただ前例のない挑戦への戸惑いと危機感だけがあったイノベーションへの取り組みに、仲間が加わってきてくれている。少しずつよい方向に変わってきているな、と実感しています。

SUMMARY

「大企業だから堅くて変わらない」とモヤモヤしているなら、その堅い部分を思い切って解きほぐしてみてはいかがでしょうか。積み上げてきた歴史や関係者の思いを深掘りすることで、すでにある自社ならではの「変革の基盤」を見つけられるかもしれません。

大企業病は自分の中にある。
「諦め」を吹き払う仲間との集い方

HACK THE BIG COMPANY

# 07 異端児が空気を作る

ONE JAPAN共同発起人・共同代表／
元・NTT東日本
山本将裕 Masahiro Yamamoto

新しい事業を始めたいと思っていても、「そんなことできるわけない」と諦める空気が社内に漂っていたら、実現にこぎつける難易度は高くなります。開発部門ですら、既存事業の関連領域にとどまり、これまで社内になかったような事業を創り出すことはない——そのような環境だったとしたら、「自分には何もできない」と思ってしまい、くすぶる人も少なくないでしょう。

その結果、会社を辞めてしまう人もいれば、会社の空気に染まってチャレンジする気概を失ってしまう人もいるかもしれません。特に若手社員の場合は社内での立場も弱く、どうにもできない悔しさを抱えたまま目の前の仕事をこなすだけになりがちです。

チャレンジに消極的な空気は、トップダウンでしか変えられないと思うかもしれません。しかし、やり方によってはボトムアップで社内の空気を変えることもできます。

それは、**会社の中でやりたいことを抱えてくすぶっている仲間を見つけ、その仲間たちと実績を作ることです。そして「新しいことに挑戦してもいい」と**

ONE JAPAN | 山本将裕 *Masahiro Yamamoto*

1987年東京都生まれ。中央大学経済学部卒業。2010年にNTT東日本に入社。法人営業、開発部署を経てアクセラレータープログラムの立ち上げ、組織化を実現。2015年にNTTグループ有志活動O-Denを立ち上げ、2016年9月にONE JAPANの立ち上げ。2020年に退職しフリーランスを経て、NTTドコモへ入社。

**いう空気を作るのです。**

## くすぶっていた若手社員が社内の空気を変えた

私はかつて、NTT東日本の開発部門でサービス開発に携わっていました。しかしそこで行われるのは、既存事業から派生した開発案件ばかり。「この会社にこれまでなかった事業を作ろう」と意気込んでいた私は拍子抜けし、次第に「ここでは自分のやりたいことが実現できない」と諦めるように。一時は退職も考えるほど、会社に失望していました。

**しかしこのまま何もできずに終わってしまうのは悔しい――そう思った私は、まず社内に仲間を作ろうと考えたのです。**私と同じように悔しさを抱えてくすぶっている社員は他にもいるはず。その人たちと集まって、どうすればやりたいことを叶えられるのか、前向きに話しあいたい。そのような考えから、社内有志団体「O-Den」を立ち上げました。

加えて、新規事業創出には、社内だけでなく他の企業とのつながりも欠かせません。そのため、社外のイベントにも積極的に参加。

そうしてつながった社外の人たちや異業種交流会などのイベントからさまざまな情報を仕入れるうち、アクセラレータープログラムの存在を知ります。「これを社内に取り入れたら面白そう」と考え、さっそく企画書を作成しました。

ところが、企画書を見た上司は「そんなことできるわけがない」と一蹴。それでも諦めずに上へかけあっていたところ、「業務時間の20%を新しい企画のために使わせよう」と考えている組織長がいると知ったのです。「これはチャンスだ」と判断した私は、即座に企画を提出し、その取り組みに参加させてもらうことに。

企画を一緒に進める仲間はO-Den内からすぐに集めることができ、スピード感を持って具体的なアイデアの検討を進めていきました。そして、社内プロジェクトとして予算獲得に成功したのです。

そのプロジェクトでは、実際に複数のスタートアップ企業と手を組んで、新規事業を次々に企画。その中で、実証実験まで進んだものを社内外に周知すべく、社内を巻き込もうとしたのですが、認知度も低く実績もなかった私たちは取り合ってもらえませんでした。

そこで社外のつながりを活用して、日本経済新聞の記者の方に記事にしてもらったのです。そこからは、一気に社内の空気が変わりました。これまで反対していた人たちが声をかけてくれるようになったり、私たちにチャンスを与えてくれたり、明らかに対応が変わったのです。

その後も、会社の利益につながるような事業を創り出し、社内の評価が上がっていくのを感じました。ついには、私たちの事業が組織化。まさに大企業が変わった瞬間でした。

## 共感による仲間づくりでチャンスに備えよう

挑戦に対して消極的で内向きな空気に嫌気がさし、くすぶっていた時期もありました。今思うと、会社ではなく、私自身が大企業病だったのだと思います。それでも諦めないことで、ボトムアップによる社内変革を実現させられた。**この成功のカギは「仲間づくり」にあったと感じます**。

私はもともと「この会社で新しいことに挑戦したい」とは思っていたものの、具体的に取り組みたいアイデアを持っていたわけでも、実現できるチャンスが見えていたわけでもありません。とにかく、自分と同じ想いを抱えた仲間と語りあいたいと思って、有志団体を立ち上げました。

そのおかげで、企画を実現できるチャンスが舞い込んだとき、すぐに動き出せる仲間が集まり、スピード感を持って実現にこぎつけられたのです。**もし、チャンスが舞い込んでから仲間集めをしていたら、そう簡単には集められなかったと思います。**動き出すスピードも遅くなり、実現まで至らなかったかもしれません。

具体的なアイデアやチャンスがなかった頃から仲間を集めておいてよかった。本当に、そう感じています。

仲間を集めるときに私が大事にしていたのがＮＴＴでワクワクすることやろうぜという「共感」です。何かやりたいと思いながらも、叶わなくてフラストレーションを感じている――そんな仲間が集まったからこそ、いざチャンスをつかんだときに、爆発的なエネルギーで動き出せたのだと思います。

また、会社の中だけにとどまっていたら、そもそも自分の中に「これを実現させたい」

というWILLも生まれなかったでしょう。もしかしたら、そのままやりたいことを見つけられずに会社を辞めていた可能性もあります。社外とつながり、さまざまな情報に触れておくこともポイントです。

私が企画を新聞に取り上げてもらったように、社内に大きな影響を与える外圧が作れるかもしれません。

大企業特有の空気を変えたいと思っているなら、私が実践したような、ボトムアップから変える方法も試してみてください。**そのために大事なのが、チャンスをつかむ準備です。**特に大企業は、人事異動や方針の変更などで、急にチャンスがやってきます。現時点で具体的なWILLを持っていなくても、備えておくことが重要なのです。

## SUMMARY

挑戦したいことがあるのにくすぶっているのなら、たとえ現時点でアイデアがなくとも、志を同じくする仲間を探そう。そのつながりは、チャンスをものにするための「準備運動」になります。

「社内文化」に染まらないための
客観的思考力を養成しよう

# 社会と個人の直結回路

HACK THE BIG COMPANY

08 電通
吉田将英 *Masahide Yoshida*

企業には、それぞれ特有の文化が根づいています。1つの企業に長く所属していると、次第に社内文化が「当たり前」「絶対」だという感覚に陥ってしまい、会社が自分の社会のすべてだと錯覚してしまう可能性もあります。

そうして視野が狭まっていくと、世の中で起こっている出来事や変化に気づけなくなり、世の中と自社の相対関係が見えなくなっていってしまいます。つまり、自社を客観視できなくなるのです。

しかし、めまぐるしく変化しつづける現代の社会では、世の中の変化に敏感であることが求められています。それは会社の業務においても、ひとりのビジネスパーソンとしても大切なことです。

**世の中の一次情報を入手し、自社に対する客観的な視点を持つためには、会社を経由しないルートでも社会とつながっておく必要があります。それが、「社会と個人の直結回路」です。**

電通 | 吉田将英 *Masahide Yoshida*

1985年神奈川県生まれ。慶應義塾大学法学部法律学科卒業。2008年ADK入社ののち、2012年電通に転職。現在は経営全般をアイデアで活性化する電通ビジネスデザインスクエアに所属し、さまざまな企業と共同プロジェクトを実施。また「電通若者研究部」(電通ワカモン)を兼務し、若年層の研究から見える未来仮説創造とコンサルティングに従事。『アンテナ力』など著書多数。

## 実名で社会とつながり、客観的視点を手に入れた

私が個人として社会とつながりを持ったきっかけは、電通総研という社会研究を行う社内組織に配属されたことでした。そこで私が担当することになったのは、若者研究。現代の若者が何を考え、どのように行動しているのかを研究することになったのです。

加えて、メディアからの取材に対して有識者コメントを出すこともその組織の業務。そのため私は、自分の名前をメディアに載せて、若者に関する考察やコメントを出していました。

納得感のある考察を出せれば、個人としても会社としても注目されるチャンスが生まれます。逆に、世の中の視点からずれていたり、検討が甘かったりする考察を出した場合には、会社としてだけでなく個人としても批判を受けます。責任の重さは感じるものの、SNSなどを通して世の中からフィードバックを直接もらえるのは貴重な機会。私自身も、フィードバックを受けてまた考察を発信する……というサイクルが自然と身につきました。

**そのような経験を繰り返すと、徐々に世の中と会社の差異が見え、会社を客観視できるようになっていきます。これは、私自身が「井の中の蛙」になることを防いでくれました。**客観的に見た会社の強み・弱みを知ることで、それを業務にフィードバックすることも可能です。

また副次的な効果として、評判の逆輸入が起こりました。これは、会社の名前で個人にスポットライトが当たるのではなく、個人の成果が評判になって会社に仕事の依頼がくるというもの。私の場合、「若者研究の専門家」として知られるようになったことで、クライアントから指名を受ける機会も出てきました。個人として社会とつながることは、会社にもメリットをもたらすのです。

## 自分・会社・社会の3つが重なる活動を見つけよう

メディアへ考察を出す部署に配属されたという偶然も重なり、私は個人として社会に直接つながる機会を得られました。

しかし、このような部署がない企業や担当している業務で社会との直接の接点を見つけられない人でも、社会との直結回路を作ることは可能だと考えています。そのために必要なのは、自分と会社と社会、3つの円の重なりを見つけることです。それには、同時に3つの要件を成立させる必要があります。

**1つ目は、自分の中にある衝動を見つけること。**どのような想いでもかまいません。その想いを原点に、何かしらの活動に取り組んでみてください。たとえば私は、世の中や年長世代の若者の扱いに対して義憤を抱いていたことから、社内に「電通若者研究部」という団体を作り、有志活動としても若者の研究を行うようになりました。

**2つ目は、それを会社の業務として活かせないかという点です。**何かを研究するのであれば、そこで得た知見や考察をプロジェクトに転用する。もしくは、その活動で生まれたアイデアを新規事業として提案してもいいでしょう。プロボノ活動で終わらせないためには、何かしらの形で会社に還元できないか考えなければなりません。

**3つ目は、社会にとってのメリットを探り当てること。**自分と同じ想いや課題感を抱える人が他にいるとしたら、その活動は社会との接点になるはずです。このとき、何を「社会」と定義するかは自分で決めなければなりません。自分の周りにいる友人を社会とするのか、日本全体を社会とするのか。社会の範囲によって、課題も異なれば解決策も異なります。

これら3つの円が重なる活動を見つけるのは容易ではありません。家と会社だけの毎日を送っていたら、きっと見つからないでしょう。日頃から社会とつながる意識を持つことが大切なのです。**そして3つの円の重なりを見つけて成果を出せれば、会社にも認められ、社会とも直結できるようになります。**

不確実な社会を生きる私たちにとって、物事を相対化して見る力は欠かせません。まずは自分の両足で立って社会に直結し、客観的な視点を手に入れましょう。そして、自分の意見を持って能動的に人生を切り拓いていってほしいと思います。

## SUMMARY

「ウチの会社はこうだから」という社内文化に悩まされている人こそ、会社を介さずに社会とつながることを意識してみよう。自分・会社・社会の３つが重なる活動が見つかれば、社内文化を相対化する視点が手に入ります。

# 第2章

# 「サイロ」を軽やかに乗り越えろ!

2

縦割り・セクショナリズムを越境するスキル11

同僚・上司への「お節介」が
風通しのよい組織を作る

HACK THE BIG COMPANY

09

三越伊勢丹ホールディングス
額田純嗣 *Junji Nukada*

# 社内であっても変わらぬ ホスピタリティ精神

百貨店を母体とした三越伊勢丹グループで、販売からバイヤー、事業企画まで幅広く携わってきた私が一貫して大切にしつづけているのが、ホスピタリティ精神です。

日々、お客様からのさまざまなご相談に対応する中で身につけてきたものではありますが、接客以外でも活かされる場面が多々あります。**たとえば同僚から相談を受けたり、業務で悩んでいる様子を見たときにも積極的にホスピタリティ精神を発揮しようというのが、今回紹介する技です。**

## 同僚からの悩み相談。これが「お客様」の声だったら?

もし悩んでいるのが「お客様」だったらどうされるでしょうか。まずは「何かお探しですか」「お困りですか」と声をかけるのではないでしょうか。相談内容は想定外だったり担当外のこともあるかもしれませんが、「わかりません」で済ませず、丁寧にヒアリングしたり、関係者と連携したりして解決に向けて動くと思います。

三越伊勢丹ホールディングス 額田純嗣 Junji Nukada

1979年大阪府生まれ。早稲田大学卒業。2002年伊勢丹(現三越伊勢丹)に入社し、仕入れ・陳列・販売・CRM・人的管理・企画・店作り等百貨店のマーチャンダイジング業務全般を経験。2019年より2年間三越伊勢丹グループのマーチャンダイジング企画部長。現職は既存事業の構造改革、及び新規事業創出を担当する事業企画推進部長。

しかし、これが社内となると一転、担当ではないからと受け流したり、自我を通そうと大きな声で意見を戦わせたりしがちです。もちろん本人が解決すべき問題なのかもしれません。ですが、上司でも部下でも他部署でも、そもそも困っていることを解決したくて、あなたに相談してきていると思うのです。

特に企業規模が大きく、さまざまな雇用形態の人が働いていると、業務上の質問や相談があったときの受け皿が明確でないこともよくあります。そんな中あなたを頼ってきてくれたのなら、「できない事由」から入るのではなく、まずホスピタリティ精神を持って話を聞いてみてください。

**このとき、相手が何を求めているのか、内容を整理しながら話を聞くことがポイントです。**相談に乗ってもらって気持ちを落ち着けたいのか、解決するところまで伴走してほしいのか、はたまた解決のメソッドを持っている人を紹介してほしいのか。

これもお客様対応に照らしてみるとかなりわかりやすいです。気持ちが高ぶって話すお客様に対しては自分もテンションを上げて聞いたり、メモを取りながら傾聴の姿勢を示したりするように、安心して話せる環境を無意識に作っていたりします。口先だけでなくて、体全体で聞くという感じでしょうか。こうした姿勢は、社内の人だからといって変わるものではないと思うのです。

## 自分が選手でないときも懸命に貢献する、ボーラーの心理

なぜ社内であってもホスピタリティ精神を持って「お客様対応」をするとよいのか。

1つには、**社内に気軽に相談できる風土が醸成され、全体として業務がスムーズに進むことに寄与する**という側面があります。

私は学生時代にテニスをやっていたのですが、選手として出られない試合でも、ボールを受け渡すボーラーに指名していただくことがよくありました。ボールを渡すこと1つをとっても、考えることはたくさんあります。息が上がっているからできるだけ時間をかけてボールを渡そうとか、今渡したらリズムが悪いなとか、試合展開や選手の様子を見ながら渡していました。

仕事でも同じです。杓子定規に考えず、自分が選手でないときも貢献する機会を活かしたり、ここぞというときは業務領域外であってもカバーしたりすることが大事だと考えています。

もう1つ、これは期待していた効果ではないのですが、**結果としてやっかみを感じなくなる**、ということがあります。

我が身を振り返ってみると、大企業にありがちな足の引っ張り合いや争いといったものがなかったように思います。私の身に起きたよかったことをともに喜んでくれたり、一緒にやろうと誘ってくれたりすることも多く、逆に私が助けてほしい場面では不思議と絶好のタイミングで声をかけてくれたりしました。

私はもともと、人に迎合して集団行動するのは苦手なほうだし、自分の意見を大きな声で主張しがちな人間なのですが、上司にも部下にも恵まれて、あまり摩擦を感じずにやってこられているという意味でも、この技は成果があったのではないかと思っています。

## インナーマッスルは大事。でも企業はチームスポーツ

私がこの技を使いこなせるのは、貢献する、役に立つといったところに喜びを感じるからだと思います。たとえ自分に日が当たらなくても、結果、全体としていい方向に向かうのであれば方法論にはこだわりません。

ではクリエイティビティや自己表現に喜びを感じる人には向かない技なのかというと、そうでもないと思うのです。もちろんアップルの共同創業者スティーブ・ジョブズのようなマルチスキルを有したスーパースターにこの技は必要ないかもしれません。でも、特に規模の大きな企業の中で多くの関係者を巻き込んで事を成していく場合には、誰にとっても身につけておくといい武器だと思います。

自らの成長のために日々研鑽しているのに認められていないとか、自分はもっとできるはずだとか、何か不完全燃焼感を抱えている方もいらっしゃると思います。そんなときには、一度アウトプットから逆算してみてはいかがでしょうか。

そうすると、今は他の人の手助けをしたほうが結果的に目的に近づくものだ、と気づくこともあるでしょう。**ポテンシャルのある人ほどインナーマッスルを鍛えることに集中しがちですが、一度自分に向いていた目線を周りに向けてみてください。そうやってアウトプットから考えると、ホスピタリティ精神を持って社内で振る舞うことの大切さに気づけるはずです。**

## SUMMARY

まず、会社の中で困っている人がいれば、手を差し伸べてみてください。その小さな「お節介」が、巡り巡ってあなたがやりたいことを実現するための大きな一歩になるかもしれません。

「前例のない企画」は、
応援者を巻き込んで突破しよう

HACK THE BIG COMPANY

# 10 「叩かれ台なので答えてください」作戦

トヨタ自動車
土井雄介 *Yusuke Doi*

社内に前例のない企画を提案する場合、プレゼンしてもなかなか理解を得られずに却下されてしまうことはないでしょうか。新しいことに対して消極的になりがちな大企業の場合は特に、不安要素が少しでもあると許可が下りづらいものです。

そのような状況を変えたいと思っても、大企業をひとりで動かすのはほぼ不可能です。もしひとりで立ち向かったら、途中でつらくなって心が折れてしまうかもしれません。

**だからこそ私は、社内に応援者を作ることが大切だと考えています。**たとえば新しい企画を提案する際は、提案資料の作成に多くの人を巻き込む。そうすることで、関わってくれた人たちが応援者になってくれるうえ、自分にはない視点を得られて企画がブラッシュアップされます。

**そのために使うのが、「叩かれ台なので答えてください」という言葉です。**

トヨタ自動車 | 土井雄介 *Yusuke Doi*

1990年静岡県生まれ。2015年東京工業大学大学院卒業後、トヨタ自動車に入社。物流改善支援業務を行ったのち、社内公募制度に起案し、2年連続で事業化採択案に選出。役員付きの特命業務を担当。その後自身でベンチャー出向を提案し、AlphaDriveに参画。2016年「A-1 TOYOTA」を共同で立ち上げ、ONE JAPANに参画。幹事／TOKAI代表を務める。

## アドバイスを求めることで関係者から応援者へ

私はかつて、ベンチャー企業への出向を企画していました。しかし社内に前例がなく、関係者全員が意思決定できない状態に。現状の社内ルールで実現可能なのか、どのような名目での出向となるのか、実現のために関わる部署はどこなのか……わからないことだらけで、簡単には通りそうになかったのです。

そこでまずは、社内のステークホルダーとなりうる部署を洗い出し、各部署に企画資料を見てもらうことにしました。「意思決定してください」と言ってしまうと、「前例がないから決められない」と門前払いされてしまうため、あくまで「叩かれ台なので答えてください」というスタンスを意識。

そして、関係部署それぞれの視点で、「この企画に何が足りないのか」「どのような手段を使えばいいのか」といったアドバイスをもらったのです。おかげで、より実現性の高いアイデアへとブラッシュアップしていくことができました。

相談した部署の方々は、その企画に「私が育てた」「一緒に考えた」という感覚を持ってくれるように。最初は難色を示していた人も、関わりを持ったことで応援者に変わっていったのです。

多くの関係者を巻き込み、ポジティブな反応をもらったことで、前例のなかった企画は実現に至りました。**ひとりでは越えられない大きな壁も、応援してくれる人たちと一緒なら乗り越えられる。**そう実感したことは、今でも鮮明に覚えています。

## 「叩かれ台」を見てもらうための3つのステップ

社内に応援者を作ろうとしたとき、ただ「叩かれ台を見てください」とお願いするだけではうまくいきません。いくつかのポイントを押さえておく必要があります。

**まず、企画のステークホルダーを洗い出し、どこにアドバイスを聞きに行くべきか考えなければなりません。**そのためには、企画の構造を分解し、分解した先にどの部署が関わるのかを紐解いていくことが大切です。

たとえばベンチャー企業への社員の出向という場合、自部署だけでなく人事部も必ず関わってきます。「ベンチャー」という部分に着目すると、社内の新規事業部門もステークホルダーとなるでしょう。一見関係なさそうな部署でも、企画のカギとなる可能性があるので、しっかりブレイクダウンしていきます。

**そうして相談すべき部署を明確化できたら、次は「誰に相談すべきか」を考えましょう。**

関係部署としては適切でも、新しいものに消極的な人を相談相手にしてしまったら、通る企画も通らなくなってしまいます。また、「仕事が増えてしまう」と感じて敬遠される可能性もあります。

そのため、部署の中でも新しいチャレンジに取り組んでいる人を探すことが大切です。相手と協業できる形での提案を作れば、相手にとってメリットとなり、協力も得やすくなるのです。

そうして相談相手を見つけてから、「叩かれ台なので答えてください」と資料を持っていきます。意思決定は必要ないことを強調しつつ、アドバイスをもらう側として謙虚にお願いすると、相談相手を応援者として巻き込めるようになります。

どの部署の誰に相談すべきかを見つけるまでには、さまざまな部署に足を運んでヒアリングするなど、地道な努力が必要です。このような作業は、「回り道」「ムダなこと」のように思えるかもしれません。私自身も「もっと早く実現できる方法があるんじゃないか」と、もどかしさを感じていたことがあります。

**しかし、結果的にこの方法が最短ルートでした。さまざまな部署の人たちを味方につけておいたからこそ、その後の意思決定がスムーズに行われたのです。**

SUMMARY

**大企業で新しいことに挑戦するのは、ひとりではできません。まずは「叩かれ台」を持って回って社内の関係者を味方につけてみてください。不可能と思えたことも、多くの人の「応援」という燃料で実現できるはずです。**

ギブの精神でタテヨコナナメに
味方を作りまくれ!

HACK THE BIG COMPANY

# 11

ハウス食品
児島さゆり *Sayuri Kojima*

# ナカマづくりはナナメから

会社でやりたいことがあるのに、言い出せなかったり、上司に企画が通らなかったり……。大企業の中ではよくあることなのかもしれません。でも、やりたいこともできたほうが仕事はきっと楽しいですよね。

もうこの会社では、やりたいことはできないのかも——そうして落ち込んだ経験が私にもあります。タテ割りで部署間に壁を感じたり、トップダウンでメンバーのやりたいことができなかったり。そんな状況の中で聞こえてくる周囲の何気ない不満や愚痴にも、モヤモヤしていました。

それでもまた心から仕事を楽しめるようになったきっかけが「ナナメのナカマ」でした。**組織のタテラインから飛び出してナナメ上の人たちとWIN‐WINの仲間関係を築くことで、社内で動きやすくなり、少しずつでも、やりたいことができるようになっていったのです。**

だから、もし今の会社を諦めてしまいそうな人がいたら、ぜひナナメに一歩踏み出してみてほしいと思います。

ハウス食品 | 児島さゆり *Sayuri Kojima*

1985年東京都生まれ。千葉大学大学院理学研究科修了。2010年ハウス食品株式会社に研究職で入社し、研究開発を経て、現在は業務用製品の企画部門に所属。2014年12月に社内の有志団体「エンジョブ!」を立ち上げ、2017年に育休復帰後、代表を務める。2016年9月よりONE JAPANに参加。

## 「上司の上司」や「ナナメの上司」とナカマになる

ハウス食品はアットホームで、従業員同士、仲のいい会社です。それでも部署間に壁を感じたり、決裁権者まで話を上げるのに時間がかかったりと、社内のコミュニケーションに不満を感じていました。そこでただ愚痴を言って終わるのではなく、自らできることはないかと考え、より風通しのよいハウス風土の醸成を目指し、有志活動「エンジョブ！」を当時の組合と共同で立ち上げました。

「エンジョブ！」には、３つの狙いがあります。

1. 「enjoy × job」仕事をもっと楽しもう！
2. 「援助部」助けあえる組織にしよう！
3. 「炎上部」熱く燃える組織にしよう！

この３つの想いを実現するために、社内で異業種交流の機会を作ったり、グループ会社とのシナジー創出を狙って、ボトムアップでコミュニケーションする場を作ったりと継続的に活動していきました。もちろん本業は100%でやりつつ、働き方変革で仕事の生産性を上げて、さらに120%の力で有志活動を続けています。

ところが、立ち上げ当初は所属部署からの理解は得られず、「遊んでいないで、本業に専念すべき」と言われ、活動を続けることに苦労しました。

一部に冷ややかな目で見られながらも有志活動を続けていると、他部署のメンバーやトップから、「エンジョブ！で一緒にイベントをやってほしい」と、企画の相談を受けるようになりました。さまざまな部署と試行錯誤で、社内だけでなく社外も含む交流の場を作りつづけてきた結果、社内での流れが変わり、たくさんの方から応援や感謝の声をいただくようになったのです。

**初めは自分の働く環境をもっと楽しくしたい、そんな想いで続けた活動が、気づいたら誰かの役に立っていた。このことは、私たちにとって自信となっただけではなく、ヨコやナナメの関係を築いていくことにつながり、本業にもいい効果をもたらしました。**

やがて、通常の業務だけでは接点が持てないようなナナメ上の人たちをナカマとして巻き込むことに成功した私たちは、ついに取締役をも巻き込み、現場とのトークイベントに参加してもらい、有志活動にお墨付きをもらえるほどにまで成長しました。立ち上げてから6年以上、もちろん、今では所属部署からも認めてもらい、応援してもらえています。

この経験から学んだことは、やりたいことがあって直近の上司などタテラインに働きかけても響かないときには「ナナメのナカマ」に協力してもらう、ということでした。一歩踏み出し、別の部署や、自部署のトップなどから応援してもらえると、意外と自分のやりたいことが実現しやすくなります。

そのためには、まず「ナナメのナカマ」から信頼してもらえることが大切です。本業で成果を出すことはもちろん、日頃から能動的に動き、「こいつなら応援してやってもいい」と思ってもらえる人間関係を作っていきましょう。自らどんどん動いていくと「よく行動しているな」「俺の知らないことをよく知っているな」などと、どこかで必ず見ていてくれるはずです。

ただし、タテのフォローを忘れずに。もし直近の上司を飛ばしたときには、経緯や理由などをしっかり報告することも大切です。トップダウンで上司をだまらせようというのではなくて、みんなが動きやすくなるように考えて行動する。そこさえブレなければ、周囲の理解は得られるはずです。

## 「ナナメ上」を巻き込むための2つの方法

「エンジョブ！」のおかげで、社内外にもたくさんのナカマができました。でもそれは、有志活動をともに立ち上げ、継続してきた「ヨコのナカマ」がいてくれたからこそ。

落ち込んでいた時期、同じ想いを持ったナカマが他部署にも数名いて、そのメンバーで「エンジョブ！」を立ち上げました。思い起こすと、心が折れそうなときも、ヨコのナカマがいたからこそ、ここまで続けてこられました。

ですが、ヨコのつながりだけでは大企業の中では物事は動きづらい、というのも事実です。そこで「ナナメのナカマ」が重要になる。私には、「ナナメ上」を巻き込むために2つ、心がけていることがあります。

**1つは、若手の頃からさまざまな部署のトップや先輩に勇気を出して声をかけて、直接話をする機会を積極的に作っていました。**意識していたのは「熱意・行動・素直」。大企業になると、トップとの距離が遠く感じるものですが、熱意を持って行動し、素直に頼り、応えてくれたときには感謝を伝えることを心がけていました。トップのほうも、下から頼られて悪い気はしないものです。

**もう1つ大事にしているのが「ギブの精神」**。たとえば自分より偉い立場の人でも、その人にできなくて私にはできることがきっとある。そこを見極め、自分にできることは何かを考え、行動しています。たとえば有志活動でできた社外のつながりを本業で紹介したり、オンラインツールに不慣れな上司に活用方法を伝えたりと、できることはどんどんやる。頼るだけではなく、こちらからのギブもあるからこそ、ナカマになれるのだと思います。

有志活動を続けて7年目。育休復帰をきっかけに、自分の人生も会社全体のことも、より考えるようになっていきました。子どもを保育園に預けてまで働くことの目的はお金だけではない。子どもと離れてまで過ごす「働く」という時間をもっと有意義なものにしたい。そんな想いから、改めてこの会社で働くことを考えると「今も大好きだけど、もっといい会社にしたい！」とさらにエンジンがかかり、「ナナメのナカマ」技を積極的に活かしています。

会社に属して、会社を活用しながらやりたいことをやるには、たくさんの方の協力が必要です。**私は、ギブの精神を持って、自らみんなが動きやすくなるよう行動していくことで、タテもヨコもナナメもナカマにして、多くの人を巻き込み、やりたいことを実現していきました。**

楽しくなければ仕事じゃない！
今ではそう実感しています。

SUMMARY

**不満があるけれど、日常に忙殺されて改善できない――そんな人こそ、ギブの精神で「ナナメのナカマ」づくりを始めてみましょう。**

会社を模したチームを作って
大局観を手に入れよう!

HACK THE BIG COMPANY

# 12

電通
吉田将英 *Masahide Yoshida*

# ミニカンパニー

大企業には多くの部署が存在し、それぞれの立場で会社に必要な役割を担っています。入社したばかりの社員のみならず、中堅社員であっても、その全容を把握することは難しいでしょう。各部署からどのような景色が見えているのかは、その部署に所属しなければ知ることができません。

その会社でさまざまな部署を経験してきたベテラン社員や、横のつながりが強い世代であれば、社内の全容を把握しやすいと思います。しかし、そうでない若手社員の多くは「この会社には自分の知らないこと・見えていないものがある」と感じているはずです。

もし会社の中で実現したいことや変革を起こしたいことがあったとしても、「自分が把握できていない部分を指摘されるのではないか」という不安があると、挑戦のスピードは鈍化してしまいます。

把握できる情報の世代間格差をなくせないだろうか——そう考えた結果、私が考えたのは「ミニカンパニー」を作ること。**つまり、会社の構造を相似的に**


電通　吉田将英 *Masahide Yoshida*

1985年神奈川県生まれ。慶應義塾大学法学部法律学科卒業。2008年ADK入社ののち、2012年電通に転職。現在は経営全般をアイデアで活性化する電通ビジネスデザインスクエアに所属し、さまざまな企業と共同プロジェクトを実施。また「電通若者研究部」(電通ワカモン)を兼務し、若年層の研究から見える未来仮説創造とコンサルティングに従事。『アンテナ力』など著書多数。

**縮小したチームを持ち、「会社」という高い視座で自社やその先の社会を把握できるようにしたのです。**

## メンバーの多様性で情報格差を埋め、視野を広げる

私は電通入社後、「電通若者研究部」という有志団体の代表を長らく務めました。この団体に所属するのは、人事、広報、営業、マーケティングといった、さまざまな職種の社員。1つの小さな会社として機能するような組織構成であり、実際に社内で事業を行う実務直結型のチームです。

実務を行うチームを作る場合、通常は自分の周りにいる同じ部署の仲間を集めることも少なくありません。しかし私は、あえて社内を横断し、幅広い部署の人に参加してもらうようにしてきました。その理由は、若手社員であっても社内の全容をつかめるようにするためです。

自分の身の回りから賛同者を集めて立ち上げたチームだと、メンバーの持つ情報に偏り

が出てしまいます。たとえば、営業部門だけが持っている情報は、広報部門は知り得ません。人事部門から見える景色と、マーケティング部門から見える景色も異なるでしょう。

**さまざまな立場で、自社やその先の社会をどう見ているのか。その認識を吸い上げて共有できれば、会社の全容や課題感、これから進むべき道などが見えてきます。**自分の所属する部署にいるだけでは手に入らない視野を身につけ、社内における情報格差を埋める。

そうすれば、何かに挑戦する際に会社の置かれている状況を踏まえた提案ができ、「会社全体が見えていない」といった指摘も避けられます。在籍年数や社内での経験など、自分では変えがたい壁を越えて、社内に対等な立場で意見できるようになるのです。

もしこの状況をひとりで実現しようと思ったら、いくつもの部署を何年もかけて経験しなければなりません。多くの部署が存在し、異動の意思決定も簡単にはできない大企業では、実質的に不可能と言えます。それならば、同じ悩みを持つ者同士でチームを組んで、横のつながりを最大限活用するべきです。

集まるのが同世代ならば、ざっくばらんに話せるので情報共有もしやすくなります。社内で何かに挑戦する際には、幅広い分野の専門家がいることで貢献できる範囲が広がり、成果が生まれやすくなるはずです。

## 大局観を手に入れて、発言しやすい環境を作ろう

社内でミニカンパニーを作る際には、2つのポイントを押さえておかなければなりません。

**1つ目は、自分のWILLを持った人が自主的に集まるような仕組みにすることです。**あくまで有志団体としての活動なので、誰かに頼まれて参加するようでは活動を続けられません。

主体的に動ける人を集めるためにも、まずは小さくてもいいので成果を出していくことが大切です。社内外で成果が出せれば、それは自然と社員の耳に入ります。どのようなモチベーションであっても、活動内容やビジョンに共感した人が集まれば、運営はうまくいくと感じています。

**2つ目のポイントは、団体の活動に関わる人すべてにとってメリットがある状態を作ること。**その人が参加することで主所属の部署に迷惑をかけるような事態は避けなければな

りません。そのうえで、団体への参加が本人にも職場にも意義のあることだと、上司に理解してもらう必要があります。このとき、参加する本人がメリットを考えて上司を説得することで、活動へのモチベーションがより明確になります。

組織の規模が大きくなればなるほど、立場や部署によって見える景色は異なるもの。お互いの違いを知り、相手に何が見えているかを考えなければ、大企業の中で自分の意志を通すのは難しいでしょう。

どれだけやる気があっても社内のすべての立場を経験することができないのであれば、幅広い職種の人たちを集めて小さな会社のような組織（ミニカンパニー）を作ることが有効です。**視点を増やして大局観を手に入れ、自分の想いや考えを自由に発信できる環境を作りましょう。**

## SUMMARY

自社の全容を把握できていないことで発言や提案に躊躇しているのであれば、会社を模した小さなチームを自分で運営し、多様な立場の視点を体得し、大局観を手に入れよう。

認知が共感を生み、
共感が応援者を連れてくる

# ゆるゆるSNS発信と、本気の活動発表会

HACK THE BIG COMPANY

13

東京海上
寺﨑夕夏 *Yuka Terasaki*
今福貴子 *Atsuko Imafuku*
林嵩大 *Takahiro Hayashi*

個人でも団体でも、何か活動を始めたときにSNSを立ち上げて発信していくというのは常套手段。「いいね」がつきフォロワーが増えると、自信にもつながりモチベーションも上がります。

しかしそのうち発信することがノルマになってしまったり、投稿回数や内容に基準が設けられたりしていくと、発信することが面倒になって止まってしまう……ということがよくあります。特に会社に関わる活動だと、他の社員の目が多少は気になって消極的な発信になることもあるでしょう。

私たちは「Tib（ティブ）」という有志団体で活動していますが、**発信するうえで心がけていることが1つあります。それは、やりたい人が好きなときに発信すること**。「ワクワクする集団でありつづける」ということをミッションに掲げているので、やりたい人がやるということを徹底しています。そんな私たちの発信術を紹介します。

東京海上　寺﨑夕夏 *Yuka Terasaki*

1992年千葉県生まれ。国際教養大学国際教養学部卒業。2015年東京海上日動入社。商社・物流業界の法人営業を経て、2018年より東京海上ホールディングスのデジタル戦略立案や新規事業立ち上げに従事。2018年11月に社内の若手有志団体「Tib」を発起人として立ち上げ。

## 気ままにSNS発信。ゆるいぐらいがちょうどいい

Tibを立ち上げてからすぐに始めたのが、SNSでの発信です。会社を変えようといろいろな活動をするにしても、個人個人ではなかなか声はあげにくいと思いますが、Tibという活動の看板があれば社内外に発信していくハードルもぐっと下がります。もちろん情報発信にあたっては、社内外を問わず、誰かに迷惑をかけないよう注意しています。

ただしこのSNS発信は、情報発信のタスクとして戦略的に始めたわけではありません。広報やPRに興味のあるメンバーが中心になって、楽しそうだから始めてみたのが実際のきっかけです。なので、週に何本といったノルマも、何重ものテキストチェックもありません。

たとえばある年末には、新しい保険のアイデアを何人かで投稿して、「いいね」の数を競い合いました。もちろん業務外ですし休暇中ですが、楽しみながら真剣に調べてみんなで発信したことを覚えています。


東京海上　今福貴子 *Atsuko Imafuku*

1990年熊本県生まれ。東京大学大学院農学生命科学研究科修了。2015年東京海上日動入社。入社以降、企業商品業務部・企業新種グループにて新種保険開発を担当。社内の有志団体「Tib」の立ち上げ期からのメンバー。Tib内では広報事務局を務める。

またイベントについての発信では、「イベントを開催しました」といった事後報告の投稿をよく見ると思いますが、それでは背景や思いが十分に伝わらない場合もあります。**Tibでは、そもそもなぜイベントをやりたいと思ったのか、どのように準備を進めたのか、そうしたプロセスも含めて、より臨場感のある情報をどんどん発信していきます。**

こうしたSNS発信から「縛りはゆるく、心から楽しむ」というTibの文化が伝わっているのか、社内外からコラボのお声がけをいただくこともあります。グループ会社の社長から「何か面白いことを一緒にやりましょう」とダイレクトメッセージが届いたり、社内コミュニケーション促進プロジェクトの事務局にTibのメンバーが選ばれたりしました。

## 戦略的に社内へ発信。お祭りムードの活動発表会

SNS発信を通じて、イノベーティブな動きに感度の高い社内メンバーとつながるようになりましたが、それだけでは社内で影響力を持つほどの認知は獲

東京海上 林 嵩大 *Takahiro Hayashi*

1993年大阪府生まれ。慶應義塾大学経済学部卒業。2016年東京海上日動入社。企業商品業務部・保有企画グループを経て、現在の企業商品業務部・企業新種グループ。2018年11月に社内の有志団体「Tib」に加入。立ち上げ時からの参加メンバーとして、Tib内では企画事務局に所属。

得できていない、と感じていました。自分たちではオープンに発信しているつもりでも、「活動の実態がつかめない」「成果はあがっているのか」といった社内からの声もありました。

そこで、私たちの活動内容を発表するイベントを開催することに。その名も「Tib Collection」、通称「ティブコレ」です。本社スペースを使って、装飾や発表資料を工夫し、ケータリングも頼んで、文化祭のようなお祭り気分で参加してもらえるように演出。役員クラス含め300人以上が来場してくれました。

Tibで進めている新規事業企画案の検討内容や若手を中心とした独自の調査結果を発表する場を設けたり、事前収録した経営陣からの応援コメント動画を上映したりして、私たちの活動の本気度をアピール。熱量高く活動している姿を多くの人に見てもらうことができました。

何より嬉しい反響としては、これまで職場の理解が十分に得られていなかったメンバーの上司から、「こんなに生き生きと活動しているとは思わなかった。応援したい！」という声を引き出せたことです。

**自分たちが何をやっているかをオープンにし、それに対して共感してもらう場を設定すること。**有志団体といえど会社を変えたいと思ったときには、社内で応援してもらうことが非常に大事だと実感しました。

## 発信は、応援と共感を呼ぶ土台づくり

Ｔｉｂの方針の１つが、みんなに共感して応援してもらうこと。少人数では大きな会社は変えられないので、応援してくれる人を集めるというのが重要な土台づくりになりますが、ＳＮＳにしてもティブコレにしても、まさにこの方針に紐づいた取り組みです。

特にスタートのときこそ、土台づくりは丁寧にやるべきです。役職などにとらわれず、広く社内外に自分たちの活動を見せていくと、本当に応援してくれる人には届きます。さらにメンバーにとっても、発信することで自分たちの活動が可視化され、外部からフィードバックがあることで自信につながります。

**自分たちが楽しむベースとして、好きをベースにしたゆるい発信と、戦略的に届ける発表会のような場を、バランスよく作ってみてください。**どちらにしてもやはり、大事なの

はワクワクから始めることです。

SUMMARY

何か活動をするのなら、まずは「発信」から始めてみるのも手です。重要なのは、ノルマを設けるのではなく、ワクワクを大事に取り組むこと。そうすれば認知が広がり、共感してくれる応援者が現れるでしょう。

面白い人もロールモデルもザクザク見つかる

# 昼休みでできちゃう面白人材発掘

HACK THE BIG COMPANY

14

アステラス製薬
村上貴之 Takayuki Murakami
西浜秀美 Hidemi Nishihama

「組織内にどのような人が所属しているのか知る機会が少ない」

そんな悩みを抱えている人は、意外と多いのではないでしょうか。仕事を進めるうえで多くの部署と関わる必要があるものの、横のつながりがないためにコミュニケーションがスムーズにいかない場合もあると思います。

また若手社員の場合、「この人のようになりたい」と思える先輩社員の存在が、働くモチベーションにつながることもあります。しかし自部署との関わりしか持っていなければ、限られた社員しか見えず、ロールモデル不在になりがちです。

そこで、アステラス製薬の有志団体「A2」では、社内にいる魅力的な社員・多様な社員を知ってもらうためのイベントを始めました。

## 魅力的な社員の存在が働くモチベーションに

2014年に発足して以来、A2では大小さまざまなイベントを開催。それらのイベントを通して、A2を運営している私たち自身も、社内に多くの魅力


アステラス製薬 | 村上貴之 *Takayuki Murakami*

1981年愛媛県生まれ。神戸大学大学院医学系研究科卒業。2008年アステラス製薬入社。営業本部を経て、さまざまな部署を渡り歩き、現在は開発本部にてプロジェクトマネージャーとして新薬開発を担当。2014年より社内有志団体「A2」の企画・運営を担当し、2021年より共同代表を務める。2016年12月よりONE JAPANに参加。

的な人・面白い人がいることを知りました。

通常の業務では決してつながることのない部署の人たちや、熱量高く働いている人たちと出会い、仕事への意欲がかき立てられたことを覚えています。

その一方で、魅力的な人たちが社内にいることを知らないまま、今後のキャリアや今の仕事に悩み、くすぶっている若手社員もいるはずです。

**そこでA2では、社内の面白い人（＝魅力的な人）を紹介することで社内の輪を広げるイベント「イイトモ！」をスタート。**このイベントは、ランチタイムの1時間を使って、ゲスト社員に話をしてもらうというもの。オンライン会議ツールを利用して行うため、オーディエンスから随時コメントをもらいながらの双方向コミュニケーションが可能です。

ゲスト社員には、担当している業務のことだけでなく、「何を考えて仕事をしているのか」といった、その人の内面に踏み込んだ質問にも答えてもらいます。そうすることで、業務内容からは見えない人柄を知ることができるのです。

このイベントに参加するメリットは、大きく2つあります。

アステラス製薬 | 西浜秀美 *Hidemi Nishihama*

1985年石川県生まれ。グロービス経営大学院卒業。2008年アステラス製薬入社。営業職、採用担当、研修企画、事業開発部を経て、現在はニュープロダクトプランニングにて新薬のグローバルマーケティングを担当。2014年に社内有志団体「A2」を共同発起人として立ち上げ、代表を務める。2016年12月よりONE JAPANに参加。

**1つ目は、社内の魅力的な人を知ることによって、自身のロールモデルを見つけられたり、働き方に対する刺激を得られたりすること**。くすぶっていた社員が前向きな気持ちで仕事に取り組むきっかけになります。また、「こんなに面白い人が所属している」という事実が、会社への愛着心にもつながります。

**2つ目のメリットは、社内に縦・横・斜めのつながりができることです**。このイベントでは、ゲストとして登壇した社員と知り合いになれるだけでなく、コメントのやりとりをしたオーディエンス同士にもつながりが生まれます。業務で他部署とやりとりをする際、そこに面識のある人がいれば、コミュニケーションが取りやすくなるものです。また、自部署では相談しにくい悩みを打ち明けられる相手が見つかる可能性もあります。

## 社内のつながりづくりが、前向きに働くための第一歩

イベントの参加者からは、

「社内でがんばっている人を知ることができて背中を押された」

「同世代の社員がどのような仕事をしているか知り、いい意味で危機感を持てた」

といったポジティブな反応がありました。また、イベントで知り合った人に、業務の相

談を持ちかけたという人も。

私たちとしても、マインド面だけでなく、行動面にも変化が生まれ、有志活動のイベントが本業に活きていることを実感しました。Ａ２の中で企画を立ち上げる人や、運営の手伝いをしてくれる人も現れ、有志団体にとっての嬉しい変化も起こりました。

**この取り組みでは、多くの人に参加してもらうことも意識しましたが、何より「つながりが生まれる場にしたい」という想いを大切にして続けています。**幅広い層の社員に声をかけて登壇してもらうことで、これまで知らなかった社員や仕事を知ってもらいたい。ゲスト社員の人柄を知ることで、「個別に連絡してみよう」「ロールモデルにしよう」と、つながるきっかけにしてほしい。

その結果、仕事を楽しめるようになったり本業で成果が出せたりと、前向きな気持ちで働ける人を増やしていきたいと考えています。

社内のバリューチェーンが長く、多くの部署と関わりながら業務を進める大企業だからこそ、このような取り組みでつながりを作って、業務上のコミュニケーションを円滑化することが大切です。

「他の部門や先輩社員がどのような仕事をしているかわからず、キャリアプランを描けない」と悩む若手社員にとっても、多様な社員を知ることは、自分らしいスタイルを築く第一歩になるでしょう。**自分がどのようなことに興味を持ち、何にモチベートされるのか。人を知ることで、自分を知ることができるものです。**

## SUMMARY

**「社内に知り合いが少ない」「ロールモデルが見つからない」と悩んでいるなら、社内イベントに参加したり、自分で企画したりして「横のつながり」を可視化してみましょう。**

現状維持を決め込む人たちを巻き込む
「ゆるい仕掛け」

HACK THE BIG COMPANY

# 15 NEC 松葉明日華 *Asuka Matsuba*

# 社内スナック開店！

社内にイノベーションを起こそうと勉強会やイベントを開催しても、参加者の過半数は同じ顔ぶれ。もちろんコミットメント高く参加してくれている人たちは大事だけれど、社内の大多数に対してまだアプローチできていない。これは私が有志活動を通して感じた課題です。

「2割が変われば会社は変わる」と思い行動していましたが、その2割に届けようと活動していては、実際に動くのは全体の1割程度というのが実感値。せっかく従業員数11万人以上の大企業にいるからには、できるだけ多くの層と多様なつながりを持ったほうが、会社が変わる可能性は増えるのではないか。そう思って私が試みたのが、**とことんゆるいスナックのような場をつくること**でした。

## 「有志活動」で動かない層を巻き込みたい

私が共同代表を務めるNECの有志活動グループ「CONNECT（コネクト）」では、各部署の研究や技術に関する勉強会や、SDGsなどのテーマを設


NEC | 松葉明日華 *Asuka Matsuba*

1988年千葉県生まれ。筑波大学物性・分子工学専攻修了。2013年NEC入社。相変化冷却など材料の研究に従事。2016年にインドネシアへ留職したことが人生の転機となり2018年に社会課題解決型のビジネスを創るために異動。2017年に社内の有志活動「CONNECT」、及びONE JAPANに参加。

けたイベントを開催してきました。参加者は毎回30人ほど。彼らからは「会社をよりよくするために、一歩踏み出そう！」という高いモチベーションを感じますし、社内に新しいつながりが生まれていっていることも実感しました。

ただ、そうした参加者は人数構成比で見ると上位1割いるかいないか。社内のボリュームゾーンである「まだ関心の薄い、現状維持層」にまではなかなか届きません。こうした人たちの思いを代弁すると、「社内イベントって意識高い人が多くて、自分にはハードルが高い」「本業が忙しくて、参加している余裕がない」といったところでしょうか。

それなら、これまでのイベントとは違って、部署も年齢も問わず、業務時間外にゆるく集まれる場をつくって、そういった層を取り込めないか。そう考えて思いついたのが、「社内スナック」です。

## とことんゆるく。スナックという場の意図と設計

語るべきテーマがあるわけでもなく、仕事帰りにふらっと立ち寄って、ママを囲んでお

しゃべりする。顔見知りはいたりいなかったり、その場で共通の話題で盛り上がり、偶然仲よくなることもある。そんなスナックのような場をつくってみました。

会場には社員食堂を使って、テーブルをカウンター形式に配置してスナックっぽさを演出。交代で運営メンバーがマスターやママとしてカウンターに入ります。ちょっとした運営面のコツとしては、お酒は許可なく販売できないので、事前に運営側が購入したものを提供しますが、販売ではなくカンパ制という形式にしました。社内でお酒を飲むことの是非は、「コミュニケーション活性化」を理由に総務部門と交渉しました。

当初は、ママ役の人がモデレートしてお客さん（従業員）をつないでいこうという案だったのですが、実際に開店してみると、そこまで配慮しなくても自然とお客さん同士、つまり従業員同士で話が盛り上がっていきました。**本物のスナックで生じる初対面の気まずさはなく、「NECの一員である」という共通項が場をつないでくれたように思います。**

ママをしながら聞き耳を立てていると、執行役員と若手が話していたり、以前同じ事業所で働いていた者同士で盛り上がっていたり。これまでのイベントに参加していた人も多かったですが、「社内イベントに初めて参加した」「スナックってなんだか面白そうだから来てみた」といった人も一定数いて、ボリュームゾーンに多少なりともアクセスできたという手応えはあります。

テーマも目標も立てないゆるい集まりなので、どのくらい業務に影響を与えたのかはまだ計れていませんが、「今度仕事でご一緒できそうですね」といった声もちらほら聞こえてきました。これから徐々に結果が出てくるのではないかと期待しています。

コロナ禍になってからはスナックもオンライン化しましたが、「ただ話す場がほしい」といったニーズは一層増していると感じます。**拠点が違う人と出会えるという大きなメリットもあるので、オンライン、オフラインのハイブリッドで今後も続けていきたいです。**

## 11万人の知恵。大企業だから出せるインパクト

なぜ私が、まだ動こうとしていない現状維持層とつながることにこだわるのか。積極的な1割の人たちと一緒にスピード感をもって動いたほうが会社を変えられるのではないか。

その答えは私自身のミッションとつながっています。

留職プログラムを利用して、インドネシアの廃棄物処理などを行っている企業で3か月間働いていたときのこと。そこで東南アジア最大と言われるゴミ山を訪れ、社会課題を肌で感じた私は、「何かしないといけない」という強い思いに駆られました。

そのときから私のミッションは「世界のゴミ問題を解決する」ことになりました。それもビジネスを通じて持続可能な形で。**自分ひとりでは達成は難しくても、11万人の知恵が集まり、廃棄物処理などのインフラ事業に対して国策として提案できるレベルの規模と技術と実績を持つNECなら、それができます。だから私はこの企業で、できるだけ多くの人を巻き込みたいのです。**

## SUMMARY

あなたの中にもひとりで叶えるには大きすぎる夢はありませんか。大企業だからこそ出せるインパクトを最大限利用するためには、実は、大きな〝関わりしろ〟を生み出す「スナック」のようなゆるい場が、夢の実現につながるかもしれません。

組織横断！
キャリア観を広げるための

# 越境プラットフォームで交流促進

HACK THE BIG COMPANY

16 キリンHD
根津拓登 Takuto Nezu

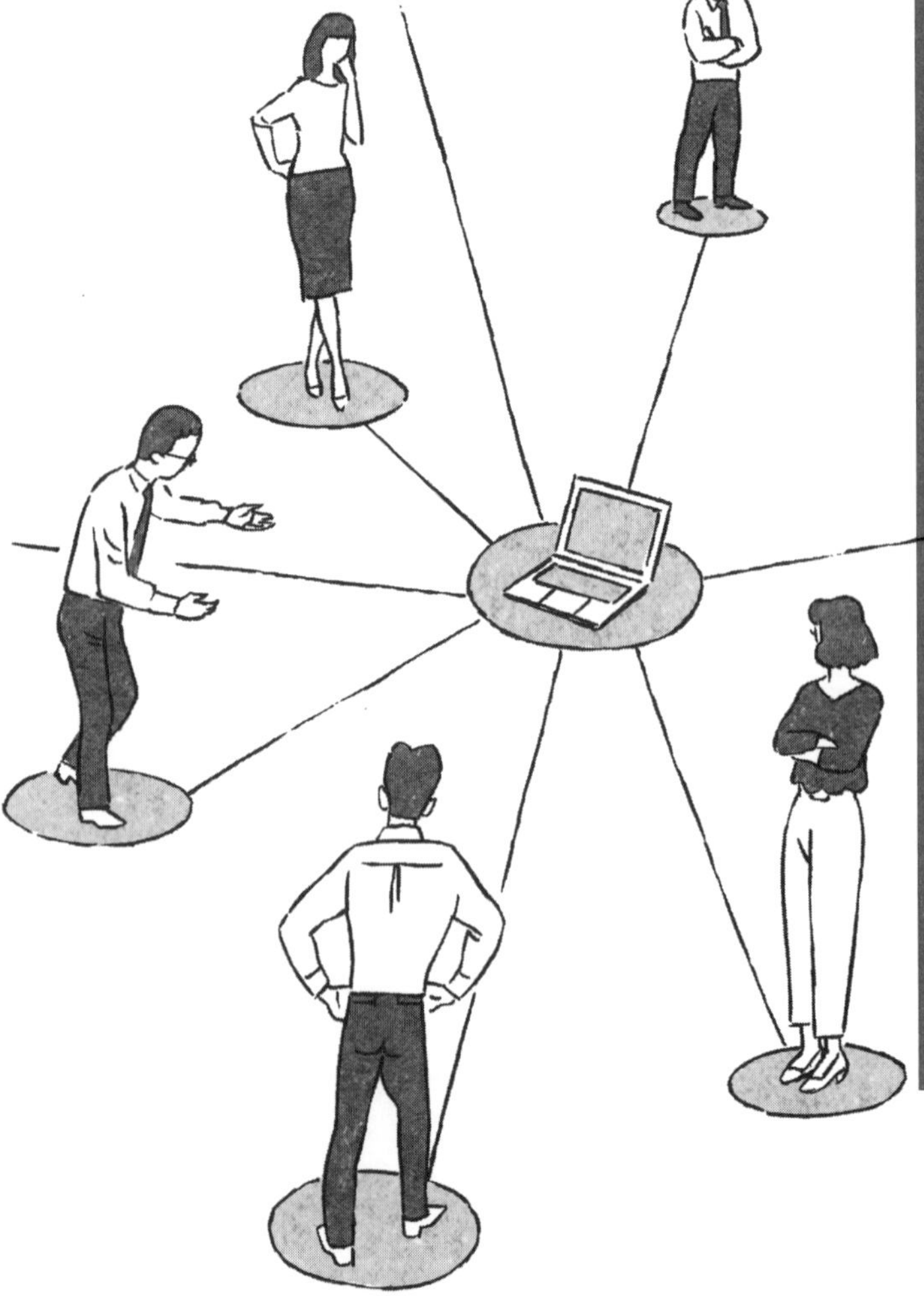

複数の事業会社を抱える大企業に勤めることの魅力は、さまざまな事業に触れて幅広いキャリアを得られることです。

**しかし実際は、自組織で目の前の仕事に集中しすぎるあまり、普段関わらない他の事業会社や部署の情報を把握できず、画一的なキャリアしか考えられない人も多いのではないでしょうか。**

大企業の中でもさまざまな仕事内容を知ることで可能性を広げ、自身の成長につながるキャリアプランを作るためには、自部署や事業会社の垣根を越えた情報収集が必要です。

もし今「自部署以外との交流がなく、視野が狭まっている」と感じているなら、組織を超えた交流プラットフォームを作ってみてほしいと思います。

## 視野の狭さに危機感。新たな出会いでキャリアを見つめ直した

大企業に入社したものの、気づけば目の前の仕事に追われ、キャリアを考え

キリンHD　根津拓登 *Takuto Nezu*

1995年兵庫県生まれ。神戸大学発達科学部修了。2019年キリンHDに入社し、キリンビール横浜工場総務広報担当に着任。新卒採用や工場の組織力向上の推進を担当。本業務と並行し、マイクロソフト社をはじめとした数十社で遂行する働き方改革PJに参画。業務外有志活動として2021年4月から「キリンアカデミア」の運営を担う。

る余裕すらなかった――これは大企業社員へのイメージでも何でもありません。他でもない、私自身の話です。

キリンHDに一括採用され、キリンビール株式会社に配属された私は、入社前から「いろいろな事業会社を経験したい」と胸膨らませていました。

しかしいざ配属されると、日々やらなければならない業務が山積み。とにかく目の前のことをこなすので精一杯でした。「どうしたら業務を効率的に終わらせられるか?」「どうしたら自部署の年間目標を確実に達成できるか?」といった目先のことしか考えられず、視野の狭まりを感じるようになったのです。

その頃の私にキャリアプランを尋ねても、「キリンビールの中で、今持っている知識やスキルを活かせる仕事がしたい」としか答えられなかったでしょう。他の事業会社や、新たな業務にチャレンジしたいという入社前に抱えていた気持ちを、失いつつありました。

**そんな私にキャリアの選択肢を与えてくれたのが、事業会社の枠を超えて交流できるプラットフォームの存在です。**これは「キリンアカデミア」という社内の有志団体が立ち上げたもの。当時は国内ユーザー数もまだ少なかったSlack(スラック)を利用して構築されていました。

プラットフォームに参加できるのは、キリンHDが包括する事業会社の全社員。「キリンアカデミア」の活動を通してつながった人たちと気軽に交流できる場所として、少しずつ参加者を増やしたのです。参加後すぐ、私も「キリンアカデミア」の運営メンバーとして企画を立ち上げるようになり、より積極的に交流を図っていきました。

中でも、キャリアを見つめ直すうえで効果てきめんだったのは、社員インタビュー企画。さまざまな場所で働く社員に直接キャリアについてインタビューすることで、その方たちとのつながりができただけでなく、自分自身のキャリア観を広げることにつながったのです。現在携わっている国内の酒類事業だけでなく、清涼飲料事業や海外事業など、幅広い分野に挑戦したいと思えるようになりました。

## 続けるコツは、自分にも他人にも強制しないこと

大企業の中で、次のキャリアを描けず悩んでいる人は少なくないと思います。そんな人にこそ、業務外での交流プラットフォームの存在は効果的です。そうした場所を通じて、

普段の業務で決して関わらない人と話ができたり、会社内の業務や部署を知れたりと、自分の視野を広げるきっかけになります。

「こんなキャリアを歩んでいる人がいる」「こんな仕事をする部署がある」と認識するだけで、次の一歩が見えることもあるでしょう。多くの人と交流できなくても、誰かひとりのキャリアが自身のキャリアに影響を与えてくれることもあります。**まずは企業の中にいる人や業務を知ることが、キャリアを考えるうえで大切なのです。**

キリンＨＤの場合は社内有志団体がプラットフォームを立ち上げて運営していますが、現在そのような場がない会社でも応用は可能です。プラットフォームを作る際は、インタラクティブにコミュニケーションがとれるよう、Slackなどのチャットツールをおすすめします。

最初は参加者集めに苦労するでしょう。しかし、「これなら人が集まってくれるかも」と思ったことは何でも試してみることが重要です。トライアンドエラーを繰り返すうちに、参加者だけでなく、応援者や協力者を得られる可能性もあります。

そして**プラットフォームを運営するうえで一番のポイントとなるのが、「自分にも他人**

**にも強制しない」こと**です。参加してくれる人たちに何かを強制しないのはもちろんですが、運営している自分自身にも無理を強いることがないようにしましょう。自分自身の役に立つことや心から楽しめることでなければ続きませんし、参加する人も楽しめません。

あえて「業務外」にしておくこともポイントです。義務感のないフラットなコミュニケーションが可能になります。

私自身、一度はキャリアイメージを見失ったものの、交流プラットフォームのおかげで思いもよらなかった新たなキャリアが見つかりました。以前よりも広い視野で仕事ができるようになり、モチベーションも高まったと感じています。

せっかく大企業に勤めているのなら、幅広いキャリアを描きたいもの。キャリア形成のため、そして視野を広げるために、ぜひ組織を超えた交流プラットフォームを作って活用してみてください。

SUMMARY

もしキャリアを見失っていると感じるなら、まずは企業の中にいる人や業務に詳しくなってみましょう。その際、組織横断的な交流プラットフォームは非常に有効です。

視点が異なる関係者間に
橋を架ける2つの「越境」技

# 「お節介チームリビルド」と「トップギア」

HACK THE BIG COMPANY

17

東急
秋山弘樹 Hiroki Akiyama

大きなプロジェクトを進めるために、チームや他社との協力が必要。だけど「こっち」と「あっち」の間に深い溝があって、全体がうまく回らない――そんな経験がある方も多いのではないでしょうか。

私自身、不動産開発のプロジェクトを、ビジョンやKPIが異なる別組織と進めていく中で、溝を感じたことがありました。今回はその経験から**「じっくり越境」「スピード越境」という、全体最適のための2つの技**をおすすめしたいと思います。

これまでオフィスやホテルなどさまざまな用途の不動産の開発やリニューアルを、幅広く担当してきました。その中で最大規模だったのが、駅直結の大規模商業施設の開業プロジェクトです。開業2年半前に異動でプロジェクトに入った私は、すぐに違和感を覚えました。

というのも、駅・商業・公園が一体の施設として、東急グループ一丸となり開業を盛り上げるという1つの目的に向かうはずなのに、関係者がそれぞれ違

東急 秋山弘樹 *Hiroki Akiyama*

1986年名古屋生まれ横浜育ち。明治大学大学院 理工学研究科建築学専攻卒業。2013年東京急行電鉄(現、東急)入社。都市開発部門にて、オフィス、ホテル、商業施設、住宅などの幅広い開発・リニューアルを経て、2021年7月より国際戦略室主事。2014年より「水曜講座」を運営。2017年4月よりONE JAPANに参加。

う方向を見ていたのです。

## ポイント1 お節介チームリビルド
## ――じっくり越境で相互理解をサポート

開業直前に、当社の鉄道事業を分社化して子会社にするという大きな出来事がありました。その状況下で、このプロジェクトを成功させるためには、会社が分かれることで物理的に距離ができコミュニケーション機会が減少しないよう情報交換の機会を設け、駅と商業施設が一体となりデザインや運営をすり合わせる必要があると考えました。

私たち不動産チームにとっては、開業後にお客様に来ていただける楽しい施設を作ることが最重要です。一方、鉄道チームにとってはお客様を目的地へ安全・安心にお運びできるように列車を運行することが最重要課題です。さらに鉄道チームの中にも、レール・ホーム・電気設備などいろんな担当部門があり多くの関係者がいます。

そこで私は、打ち合わせの中で各部門のキーパーソンとなりそうな人を見つけるようにしました。「人脈もあり、この人なら話もまとめてくれ、当事者意識を持って動いてくれそうだな」という人たちです。

そんなキーパーソンたちにまずは直接ヒアリング。ヒアリングといっても一方的に吸い上げるというより対話に近い形で行いました。

具体的には、抜け漏れが起こりそうな点から「実際にこういう課題があります」とキーパーソンにお伝えをして「鉄道側はどう考えていますか？」と伺うのです。そして鉄道側と不動産側で考えが違う部分が出てくると「すり合わせが必要ですね」と課題を見える化していきました。そしてサポートできることはこちらから提案をしました。

そうすると「この人はこちらの意見を尊重して動いてくれるんだ」という信頼につながるので、お互いに越境しあう状態を作ることができます。**お互いがお互いを越境し、理解しあっているからこそ、分社化によるセクショナリズムの問題を可視化でき、それを全体最適の視点で一緒に考えられるのだと思います**。

また、「まずは自分からさらけ出す」ということも大切です。相手が自分の考えや弱みを打ち明けてくれると「この人本気なんだな」「悪い人じゃないな」と感じやすいはずです。

だから、こちらの欠点や、こちらが困っている課題から話すことを意識しています。そうすると、お互いが味方になるのです。「相手があれだけがんばっているのだから、こちらもちゃんとやろう」という主体性が芽生えてきて、自分の所管範囲だけではなくて、全体の運営の中で鉄道をどうするかという意識を持ってもらえるようになりました。

お節介とも言われそうなほどに「こっち」と「あっち」をつないで、わかりあえる関係性を構築できたことで、結果的に分社後では当社初となる運営体制の構築を実現できました。

## ポイント2　トップギア
## ――トップも巻き込んでスピード越境

しかし、時にはこうして時間をかけてチームを醸成していく余裕がないこともあります。その場合は、**トップを巻き込んで全体の雰囲気を一気に醸成することも大切です。**

開業が間近に迫る中、目玉となるテナント様の開業準備に遅れが生じ、施設全体の開業への影響も懸念されるほどでした。そこで話を聞かせてもらうと、施設全体ではなく自社のみの視点となっているなど部分最適の意識に原因があることがわかりました。

そこで私の上司を通して、テナント様の決定権を持つトップに働きかけ、工事現場の視察を企画しました。そして予定通り完成している部分も含めた全体の進捗を見せながら、テナント様の店舗部分だけが遅れにより完成していない現状をお伝えしました。結果、そのトップからの働きかけによって、テナント様のご担当者様たちにも全体スケジュールに関わる一員であるという当事者意識を持っていただくことができました。

不動産でよくあるのが「開業はオーナーの仕事」「テナントは自分のお店を見てさえいればいい」という雰囲気になることです。そうした分断を越えて、「全体でチームとして開業を目指す」という当事者意識を持ってもらえたことは大きいと思います。これによりテナント様の動き方が変わり、開業に間に合わせることができました。

私はチームで仕事をすることが好きです。そして自分たちだけがよければいいということではなく、みんなが笑える状態を作りたい。そのためには、時に人の仕事に越境していくことも必要です。**みなさんも組織の狭間で溝を感じたら、ぜひ越境を試してみてくださ**

**い**。忙しいときに自分で仕事を増やすことになることもありますが、きっと「急がば回れ」と思える結果になるはずです。

## SUMMARY

**ビジネスをするうえで、バックグラウンドがまったく違う人たちとの協業も増えてきました。だからこそ、自分も周囲もあえてお互いの仕事へ「越境」するよう促すことで、共感や相互理解へと導くことができます。それが全体最適となり、成功を分かち合えるチームが生まれるのです。**

# トップと若手のミートアップ

## 社内の熱量のギャップを埋める「巻き込み」術

HACK THE BIG COMPANY

18

AGC
北野悠基 *Yuki Kitano*

大企業の組織風土を変えようと、社内に有志団体を作って活動している人も多いと思います。ONE JAPANに所属しているのは、まさにそのような人ばかり。

しかし、有志活動ですべての社員を巻き込むことは難しいのが実情です。一部の社員は高い熱量を持っていても、周りから眺めている社員の目は冷ややか……そんな状況も珍しくはないでしょう。この熱量の差が、組織改革の浸透を遅らせる一因になっています。

では、有志活動から大企業を変えることは不可能なのかというと、決してそのようなことはありません。**トップと若手がじっくり話しあえて、人となりが理解できるような交流の場を用意することで、少しずつ組織を変えていけます。**

AGCで起こった変化は、まさにその好例と言えます。

AGC　北野悠基 *Yuki Kitano*

1988年大阪府生まれ。神戸大学大学院工学研究科修了。2013年旭硝子(現AGC)に研究職として入社。2017年社内人財公募制度を活用し広報・IR部に異動、現在は報道対応及びIRの仕事に従事。同年よりAGC若手有志団体「AGseed」の代表を引き継ぎ、日々活動中。2017年よりONE JAPANに参加。

## トップの声を直接聞いて、会社の課題が「自分ごと」になった

「易きになじまず難きにつく」という創業の精神のもと、新規事業や前例にとらわれない業務改革などにチャレンジする企業風土がＡＧＣにはあります。ところが２０１１年頃、会社の業績に翳りが見えはじめたことで、社内に「失敗は許されない」といった空気が漂い、社員がチャレンジを恐れるようになっていました。

その状況に危機感を抱いた若手が集まり、社内の有志団体・AGseedが発足。若手社員から会社を元気にしようと考えたのです。

その後、トップと若手社員の交流を図る対話イベントを数年にわたって開催。組織風土を変えていくためには意義のある取り組みでしたが、ただ話を聞いて終わりとなりがちで、なかなか変化を起こすことはできませんでした。

さらに、このイベントは本社のみで開催されていたため、全国各地にある工場・事業所の社員はあまり参加できておらず、「本社だけで盛り上がっている」と冷ややかな目で見ら

れることもありました。

このような状況では、組織全体の風土を変えることはできない。もう一段深く、トップからミドルまで、本社から各地の工場・事業所まで、会社全体を巻き込む必要がある。そう感じたAGseed運営メンバーは、すべての拠点に活動を広める方法を模索。その中から生まれたのが、**「各拠点の社員とトップを1か所に集めて合宿をする」というアイデア**でした。

ミドル層からトップにつないでもらい、このアイデアをプレゼン。トップ層も同じ危機感を抱いていたことと、このアイデアが中長期的に組織風土を変えると判断してもらえたことから、スピーディーに話が進んで「合宿」が実現しました。

一泊二日の合宿では、さまざまなワークショップや親睦会によって、トップの考えや人となりが理解できるように。参加者自身の内省も深まり、会社の課題を自分ごととして捉えられるようになったのです。

合宿が終わってから、「自分の組織をよくしよう」「会社の方針を理解しよう」という取り組みが、各拠点で自主的に行われるようになりました。さらには他社の取り組みを勉強して自部署に導入するなど、チャレンジマインドが復活してきたのです。

**運営側だった私自身も、直接トップの想いを聞くことで、経営戦略を腹落ちさせることができました。広報・IRの担当者として、自信を持って会社の想いを話せるようになったことは大きな変化です。**

## 熱量の差は、上下をフラットに巻き込むことで埋められる

この合宿では、過去のイベントの反省を活かして「ただ話をして終わり」とならないよう、構成を入念に設計しました。

まず、参加者自身の過去や会社の歴史を振り返ったのち、トップ層から直接想いや考えをスピーチしてもらい、参加者の視座の引き上げを図ります。そして、バックキャスティングという手法により、未来のAGCのありたい姿から現在を逆算。そうすることで、会社の果たすべき使命やトップの考えを「自分ごと」として理解でき、高い視座でチャレン

ジできるマインドが参加者に醸成されるのです。

さらに、一泊二日と長時間一緒に過ごしたことで、1～2時間の対話では得られないような強いリレーションシップを築けたことが、組織の変化に大きく関与していると感じます。

合宿によって各拠点の社員に変化が起こったことで、AGseedの活動に参加しにくい地方の拠点でも、主体的な行動が生まれました。将来を担う若手社員たちがチャレンジ精神を取り戻したことは、長期的な会社の発展にもつながるはずです。

組織に大きな変化をもたらすきっかけとなったこの合宿ですが、実現のカギは、ミドル層とのつながりにありました。合宿を企画・運営したAGseedは若手社員が主体のため、トップ層を深く巻き込むために必要なつながりを持っているメンバーはほとんどいません。トップに直接働きかけられるミドル層に協力を仰いだことで、企画をスムーズに実行できたのです。

ミドル層の協力を得るためには、何よりも日々の業務を通じて信頼を得ること、そして普段からイベントに顔を出している人や、社内で目立つ活動をしている人などとのつながりを作っておくことが大切です。誰から誰につながるかわかりません。まずは、幅広い人間関係を社内で築いておくといいでしょう。

自社の組織風土に課題を感じるものの、「大企業は変えられない」と思い込み、行動に移すことを諦めてしまっている人も多いと思います。もしくは、有志団体で活動しながら、社員の熱量の差という壁にぶつかり、立ち止まっている人もいるでしょう。

しかしAGCでは、少しずつではあるものの組織風土を変えられました。これはきっと、他の企業でも再現できるはずです。

**大企業を変えるために重要なのは、まず「大企業は変えられない」という前提を捨てること。そのうえで、想いを理解してくれるミドル層を味方につけ、トップ層を巻き込むことがポイントです。**あなたの会社も、きっと変えられるはずです。

## SUMMARY

会社を盛り上げて、組織風土をよくしていきたいけれど、周囲との溝が埋まらない……。そんな悩みを抱えているなら、思い切ってミドル、トップを巻き込み、課題を「自分ごと」と捉える仲間を増やしましょう。

「若手有志団体」の看板と熱量をフル活用!

HACK THE BIG COMPANY

# 19 社内コンサルティング

東京海上
寺﨑夕夏 Yuka Terasaki
今福貴子 Atsuko Imafuku
林嵩大 Takahiro Hayashi

私たちは東京海上グループで「Ｔｉｂ（ティブ）」という有志団体に参加しています。Ｔｉｂは２０１８年に立ち上げてから、グループ企業とコラボしたプロジェクトを実施したり、社内でコンサルティングのような動きをしています。

しかし、決してすぐに「社内コンサルティング」の立ち位置を得たわけではありません。そこに至るまでの団体内でのチャレンジや、タイミング見極めの重要性についてぜひお伝えしたいと思います。

## 本気の業務外活動で、会社のチャレンジを促進させる

Ｔｉｂで実施するプロジェクトの方針の1つに、東京海上グループの困りごとの解決を支援していこうというものがあります。

ですので、「こういう案件があって、若手の意見を聞いてみたいんだよね」とか、「ちょっと新しいことを考えているんだけど行き詰まってしまって、知恵を貸してくれないかな」といった、起爆剤となる何かを求めているような相談があったときは、若手を対象に調査をしたり、企画提案したりと、「社内コン

東京海上　寺﨑夕夏 Yuka Terasaki

1992年千葉県生まれ。国際教養大学国際教養学部卒業。2015年東京海上日動入社。商社・物流業界の法人営業を経て、2018年より東京海上ホールディングスのデジタル戦略立案や新規事業立ち上げに従事。2018年11月に社内の若手有志団体「Tib」を発起人として立ち上げ。

サルティング」のような動きをします。

業務外の活動ですが、私たちにとってはさまざまなプロジェクトに取り組むことで経験を積むことができるということもありますし、相談してきた側には、これまでと違うアイデアや切り口を得ることができるというメリットがあり、Win-Winになれるような技です。

**この技のポイントが「本気でやる」ということ。**「やりたい！」と発意を持って参加しているメンバーが、ワクワクをベースに動いているものの、依頼に対してお客様気分で取り組んだのでは期待に沿うことはできず、成果も出ません。

たとえばグループ会社であるイーデザイン損保のプロジェクトに呼ばれたときのこと。「Tibと組んだら面白いことができそうだ」とお声がけいただきましたが、当然のことながら私たちは先方と同レベルの専門領域の知識を持っていません。そんなときでも「若手からちょっとアイデアを出します」程度の意識ではなく、少しでもいいものを作りたいという思いで、多くの情報を集め、本気でプロジェクトに参画しました。メンバーの一員として最後までプロジェ

東京海上 | 今福貴子 *Atsuko Imafuku*

1990年熊本県生まれ。東京大学大学院農学生命科学研究科修了。2015年東京海上日動入社。入社以降、企業商品業務部・企業新種グループにて新種保険開発を担当。社内の有志団体「Tib」の立ち上げ期からのメンバー。Tib内では広報事務局を務める。

クトをやりきった結果、ニュースリリースにもＴｉｂの名前を載せてもらうことができました。

## 若手有志団体だから集められる現場の声

**社内コンサルティングとして動くときに大切にしているのが、現場の「生の声を集めること」です。**イーデザイン損保とのプロジェクトでは若者社員約50人にインタビューしましたし、社内の働き方変革プロジェクトでは、メンバーが自部署でヒアリングをするなどしました。

大きなプロジェクトを担当している人は、現場の声や、世の中のトレンドを把握できていないかもしれないと悩んでいることがあります。専門知識はなくても、現場の「生の声」を伝えるということにも十分価値があるのです。

この際、意外にも「若手有志団体」という看板は強みになります。オフィシャルなヒアリングだと、対象者が身構えてしまうこともありますが、「今若手同

東京海上　林 嵩大 *Takahiro Hayashi*

1993年大阪府生まれ。慶應義塾大学経済学部卒業。2016年東京海上日動入社。企業商品業務部・保有企画グループを経て、現在の企業商品業務部・企業新種グループ。2018年11月に社内の有志団体「Tib」に加入。立ち上げ時からの参加メンバーとして、Tib内では企画事務局に所属。

士で自己学習しているのですが、話を聞かせてください」と言うと、快く応じてくれることが多々あります。有志団体の強みを活かして、業務や部署の壁を飛び越えて、行動量と熱量で生の情報を取ってくるようにしています。

またアウトプットのアドバイスも積極的に行うようにしています。プロジェクトの内容は素晴らしいけれど、伝え方を工夫しないと現場には届かないようなときは、アウトプットの仕方も具体的に伝えます。**コンサルタントのように、外部の目線に立ってアドバイスするという立ち位置がブレないようにしています。**

## タイミングが大事！　土台づくりはしっかりと

私たちが社内コンサルティングに取り組みはじめたきっかけは、社内の新規事業コンテストへの応募です。

Ｔｉｂから新規事業を生み出すことを目標に、週に6日、毎朝7時から集まって、ユーザーインタビューのやり方や企画書の書き方などを勉強して、10個以上の企画を用意しました。そして経営企画や事業戦略などを担う部署に所属するメンバーに、企画書にダメ出しをしてもらい、ブラッシュアップしました。

この経験を通じて、経営目線など自分たちに足りない部分を知ることができ、その後の成長につながりました。そして現在の社内コンサルティングへと活動の幅を広げることができました。

新しいアイデアを考えたらすぐに提案したくなります。しかし、調査はしっかりしたのか、経営目線で考えたのか、さまざまな角度から検討せずに、「面白いから」だけで提案しても、実現可能性は低いでしょう。

タイミングの見極めも重要です。準備ができていない段階で提案すると、「何もわかっていない若手」と見られてしまうからです。

**まずはメンバーの特性や強みをよく知り、「メンバーの実力が発揮でき、全員が本気で取り組めそう」という案件に挑戦してください。**そして新規事業コンテストなどで実力をつけていく底上げフェーズを経て、さらに社内外と関係を構築して影響力を持つ組織になること。こうした段階を経て、次のステージが見えてきたタイミングで社内コンサルティングに取り組むことをおすすめします。
タイミングが合致すれば、団体の認知度はさらに向上し、次へ次へとつながっていくでしょう。

SUMMARY

**有志団体など「業務外の活動」で意見を求められた場合は、ぜひ積極的に取り組んでみましょう。タイミングや情報の精度を磨けば、「社内コンサルタント」として認知度も実力も次のレベルへと到達します。**

# 第3章

# あの手この手で「ワープ」しよう!

3

スピード欠如

を断ち切るスキル8

センスのいい人との付き合いが、
成功確率もスピードも上げてくれる

# トライアングル壁打ち

HACK THE BIG COMPANY

## 20

TOUCH TO GO／
JR東日本
阿久津智紀 *Tomoki Akutsu*

大企業の中で新しいことを始めようとするとき、組織内の限られた知見で勝負しようとするよりも、社内外問わず「センスのいい人」に意見を仰いだほうがよい気づきを得られる、ということがよくあります。

それを技として昇華したのが**「トライアングル壁打ち」**です。提案前に3人の優秀な人物に相談することで、提案内容の方向性や議論のポイントが明確になります。その結果、成功確度が高まり、提案から実行までの期間も短く抑えることができるのです。

## 3人の「センスのいい人」を見つける

この技が誕生したのは、JR東日本に入社して間もない20代の頃。出向先のグループ会社で、右も左もわからない状態からいきなり大きな仕事を任されるようになったことがきっかけでした。社員数が少なく、それぞれが別の業務を担当するような組織体制だったため、相談したくても誰に相談すべきかわからない状態になることが少なくなかったのです。

TOUCH TO GO/JR東日本 阿久津智紀 *Tomoki Akutsu*

1982年栃木県生まれ。2004年JR東日本へ入社。駅ナカコンビニNEWDAYSの店長や、青森でのシードル工房「A-FACTORY」、JR東日本グループの共通ポイント「JRE POINT」の立ち上げ等を経て、2018年2月にJR東日本100%出資のコーポレートベンチャーキャピタル「JR東日本スタートアップ株式会社」の設立を担当。2019年7月にサインポスト株式会社とのJV、株式会社TOUCH TO GOの代表として会社設立し、現在、省人化のシステムソリューションの開発を行っている。

それ以降自分のモットーとしているのが、**社内外問わずセンスのいい人を3人つかまえておくこと。**わかりやすい資料を作れる人や、人脈が豊富でコミュニティづくりに長けた人など、自分がすごいと思える人を最低3人見つけて、困ったときに相談できる関係性を作るのです。3人に意見を聞いて、全員がいいと言うなら大体は進めて大丈夫だと思います。

今では、何か新しいことにチャレンジしたいと思ったときは、そうした身の回りのセンスのいい人たちに「これどう思う?」と尋ねています。前向きな反応がすぐに返ってくれば「いけるな」となるし、反応が悪ければ「きっといまいちなんだろう」と判断できます。

実際、私が代表を務める会社「TOUCH TO GO」の設立にあたっても、センスのいい人たちの意見が活きています。ひとりは、攻めた広告づくりで一躍有名になった広報マン。「会社作ろうと思うんだけど、どう思う?」と資料を見せたら「カーブアウトって手法でやったらいいですよ」とアドバイスをくれました。また、数々の会社の創業に関わってきた新規事業立ち上げのプロに、ビジネスモデルの相談に乗ったりもしてもらいました。

その結果、2019年7月に、JR東日本からカーブアウトする形で合弁会社「TOUCH TO GO」が誕生。構想から1年未満という短期間での設立でした。

**センスのいい人との関係性づくりで大切なのは「先に与える」こと。**たとえば相手が「JRでこんなことをやりたい」と言っていたらその調整に尽力するなど、まず自分から相手が喜ぶことをするように意識しています。

**新規事業の立ち上げにあたっては、特に身近にいてくれると安心なのが、「数字が読める人」「会社の方向性を決められる人」「資料づくりがうまい人」の三者です。**もし見つけられたら、まず自分から相手に尽力することから始めてみることをおすすめします。

## 成功確度を高めることが、スピードアップにもつながる

仕事を進めるときに意識しているのが、スピードです。何事も温度感が高いうちに進めたほうが実現させやすいからです。とはいえ大企業で何かしようとすると、承認フローの多さや現状維持思考などが壁となり、時間が必要となるのも事実。大企業では、新規事業の立ち上げからビジネスとして始動するまでに、3〜4年はかかると言われています。

ただそれは、組織という枠組みの中にいる限りは仕方のないことだと思っています。私がオープンイノベーションの取り組みを始めたのは、枠組みから出ることで組織ならでは

のそうした弱みをカバーできると考えたからです。

**しかし、組織にいながら変えられるものもあります。それは自分自身のスピードです。そのために、センスのいい人との壁打ちが役に立つのです。**

私の場合、何かを提案する前には必ず何人かの人に意見を仰ぎます。というのも、提案には別の視点からのツッコミや、実現不可能な理由を並べられることはつきものだから。そこで、最初から精度の高い、ツッコまれにくい提案をするために、センスのいい人の視点を借りるのです。

彼ら彼女らは視野が広く、視点も豊富です。「これどう思う?」と聞くと、瞬時に多角的な視点から意見をくれるので、事前に提案相手の指摘を予測することができるのです。強いチームと練習試合をしておくと、本番試合でうまく立ち回れるイメージと近いかもしれません。

そのうえで提出して、さらなる指摘を受けたときにも、いろんな人に聞いてなるべく早く打ち返すようにしています。キーパーソンは多忙な方が多いので、再提出までに時間がかかれば、相手は内容を忘れてしまう。そうしたら、また一からやり直しです。極力一発で決めたいし、ダメでもすぐに巻き返しを図りたい。3人のセンスのいい人とつながっておくことは、自分が実現したいことを叶えるためのとても有効な手段なのです。

## SUMMARY

**「センスいいな」と思う人を、身の回りに3人作るよう心がけよう。センスのいい人との壁打ちを繰り返すことで、新規事業でも日々の仕事でも、スピーディーかつ確度高く進めていけるようになります。**

自らのアイデアの価値を
信じているなら、「勝手に」動け!

HACK THE BIG COMPANY

# プライベートプロトタイピング

21
SpoLive Interactive／
NTTコミュニケーションズ
岩田裕平 *Yuhey Iwata*

意思決定者ではない社員からのボトムアップによって新たな取り組みを始めていくことの必要性は年々高まっています。その最たる例が新規事業に取り組む部署の創設でしょう。

とはいえ、そういった部署に所属しない社員が何か取り組みたいアイデアがあった場合に、十分なリソースを用意してもらえるとは限りません。業務時間内だけでは思うように進められず、時間外勤務も許されにくく、必要な資金も人手も足りていない――そのような状況でなかなか新規事業を生み出せず、鬱屈とした気持ちを抱えている人もいるのではないでしょうか。

もしくは、アイデアを事業化するためのチャンスがあるにもかかわらず、そのチャンスをつかむリソースを会社から与えられないからと、挑戦する前に諦めてしまう人もいるかもしれません。

制約の多い企業に勤める社員が、どうしても社内のリソースを使って実現したいアイデアや挑戦したいことがあるのなら、諦めずに自分にできることから始めるしかない。**そう考えた私は、勤務時間外も含めたプライベートな時間にプロトタイプを作り、一定の完成度を持った状態で社内に持ち込むという方法**

SpoLive Interactive／NTTコミュニケーションズ　岩田裕平 *Yuhey Iwata*

SpoLive Interactive株式会社CEO。東京理科大経営学部アドバイザリーボード。2013年理学研究科修了。NTTコミュニケーションズ入社後エンジニア兼UXデザイナーとしてAIのR&D等に従事。2017年よりデザイン経営やスタートアップ協業を推進。2020年新事業専門管理職として再入社、同年SpoLiveを起業し出向。人間中心設計専門家。

で、**稼働を勝ち取ることに成功しました。**それが、**「プライベートプロトタイピング」**という技です。

## プライベートの時間を使ってチャンスをつかんだ

いざ新しいアイデアに取り組むとなっても、ユーザーリサーチやプロトタイピングをし、プレゼン資料を作成する稼働が与えられるかどうかは所属部署次第です。稼働できるかは現場の状況次第のため、上司が総論賛成であったとしても、十分に稼働することが許されないということは多いかと思います。大抵の場合、こういうチャレンジをしたい社員は業務時間内も本業で忙しくしており、稼働もなければもちろん予算割り当てもない。他の社員とチームを組みたかったら、自分でメンバーを探して口説かなければならない。そのような条件下での挑戦です。

**私は、本当にチャレンジしたいことに対して、「リソースは会社から与えられるもの」と受動的になった時点で終わりだと考えています。**そのような気持ちで取り組んでも、いい結果が残せるとは到底思えません。

私はもともと就業時間に捉われない働き方を好んでおり、生活の一部として好きな時間に仕事をしていたということもあり、今までに数え切れないほどこの技を使ってきましたが、特に社内の新事業コンテストに参加した際には有効活用していました。

このコンテストは、プロダクトが作り込まれていることが参加条件となっており、数か月前から準備に取り組んでよいということになっていました。丸々数か月の間フルコミットで取り組むことが許されているという部署もあったようです。しかし、私のチームメンバーはみな現場でそれなりに活躍しており、何もしていなくても夜間まで本業があるという状態で、まったく稼働が確保できませんでした。一方、以前からプライベートでよくハッカソンに参加しており、たとえばサンフランシスコで参加したTechCrunch Disruptでは、丸々24時間の制限時間の中でデモの開発からピッチの準備までを済ませました。つまり24時間程度が確保できればデモの開発は可能だと考え、コンテストの1週間前程度から平日の夜や休日を使って、準備に充てることにしたのです。

平日であれば21時から28時まで取り組む等、必死にユーザーリサーチやプロトタイプの開発に打ち込みました。ユーザー検証も実施し、そこで得られたフィードバックを、再度プロトタイプに反映していきます。期間が限られていたこともあり、コンテスト前日は徹夜で作業していました。

その結果、コンテストのグランプリを受賞。ちょうどそのタイミングで社内スタートアップ制度が始まったことも重なり、本業の傍ら新規事業に取り組む時間を作ることができたのです。

## 価値を信じていることがモチベーションに

このようにプライベートの時間を使って一定の価値検証がなされたプロトタイプを作ることで、まだ世にないアイデアでもイメージしやすい状態まで持っていくことができます。社内の決裁を待つ必要がないため、スピーディーにユーザー検証が可能です。**事前に「本当に市場に求められているプロダクトか」「事業化する価値があるのか」を確かめられるので、会社にとっても失敗するリスクが低くなります。**

ラピッドプロトタイピングという考え方自体は、業務時間かプライベートの時間かによらず、新規事業すべてで実践したほうがいい手法です。従来の大企業における新規事業は、プロトタイプもユーザー検証もないままプロジェクト化し、多くのリソースをかけた後に市場に出す……というステップで進んでいくことが多いと思います。

しかしそれでは、せっかくかけたリソースが無駄になるリスクもあります。まずは小さくプロトタイプを作ってユーザー検証する。それをスピーディーに行って学びを蓄積したうえで、リソースをかけるかどうか判断すべきなのです。またプロトタイプによって検証すべき事柄の解像度は、価値レベルの話から使い勝手レベルの話まで段階的に変わっていくため、最初は本当に簡易なレベルで検証することも可能です。

私は前述した社内コンテストに限らず、新しい活動が必要なさまざまなシーンでこの手法を使っています。

もし何かやりたいことがあるのにもかかわらず、社内にチャンスがなければ、社外のコンテストに応募して実現させてもいいでしょう。そもそも社内のリソースが必要ないのであれば、わざわざその会社で取り組む必要もないのかもしれません。**プライベートの時間を使うということは、ある意味、自分の長い人生の中で自己実現のためにどの時間を活用すべきなのかを考えるきっかけにもなります。**

心から「実現したい」「価値がある」と思えるアイデアがあるのなら、会社からリソースを与えてもらえるまで待つのではなく、自分がコントロールできるリソースで形にしていくことが大切です。逆に言えば、「会社がリソースを与えてくれるまで動かない」と思えるアイデアは、その価値を自分自身が信じられていないのかもしれません。

**あなたが取り組もうとしていることの価値を信じることは、自分を動かすモチベーションになるはずです。**どれだけ企画書を書いても上司に認めてもらえない人や、やりたいことがあるのに「会社では何もできない」と思い悩んでいる人は、まず勝手に業務とは関係なくプロトタイプを作ってみてほしいと思います。

そして、新規事業をはじめとした新たなアイデアを形にする際のラピッドプロトタイピングの重要性を体感してほしい。一人ひとりの意識の変化が、いずれは組織全体の変化にもつながると信じています。

## SUMMARY

絶対に実現したいアイデアがあるなら、会社からリソースを与えてもらうまで待つのではなく、プライベートの時間を使ってスピーディーに形にしよう。アイデアの価値を信じることがモチベーションになります。

本質的なパートナーを味方につけて
「外堀」を埋めよう

HACK THE BIG COMPANY

# 22

Ridgelinez
山田修平 Shuhei Yamada

# 「スイートスポット」でスマート承認

グローバル化やDXなど次々と変化の波が押し寄せる中、大企業にとっても、既存事業を発展させるだけでなく、新規事業を創り出していくことは喫緊の課題です。

しかし、新規事業を苦手としてきた大企業の場合、組織の構造も業務フローも既存事業に最適化されており、新規事業は「異物」扱いを受けることも未だ多いのが実情です。

企業の中で新しいことを始めようとすれば、自部署以外にもさまざまな関係者の承諾や連携が必要です。しかし社内は既存事業で忙しく、成功するかどうかもわからない新規事業のために時間を割いてもらえない可能性が高い。

そこで私は、あらかじめ社外のパートナーを味方にし、社内での承認がスムーズに進むよう画策。**社内の「スイートスポット」を狙った方法で、新規事業をスピーディーに進めていきました。**

Ridgelinez　山田修平 *Shuhei Yamada*

1984年茨城県生まれ。2008年富士通入社。営業、新規事業開発を経て2020年4月よりDXコンサルティング会社であるRidgelinezに出向。三越伊勢丹との共創にて、ファッションシェアリング/サブスクサービス「CARITE」をリリース（2020年7月31日サービス終了）。ANAとの共創にて「手ぶら旅行サービス」をリリース。現職にて、DXによる新規事業開発、共創プロジェクト等の支援を実施。

## パートナー企業と手を組み、スイートスポットを狙う

大企業で新規事業を創り出す際にネックとなるのが、いかに社内関係者の理解を得るか、そしてどうしたら社内で事業を動かせるかという2点です。というのも、社内の新規事業としてサービスや製品をリリースするには、既存事業で手一杯の社員の力を借りなければならないからです。

しかし、新しいことに手を貸す時間も労力もないという場合がほとんど。どれだけ自分自身がその事業に価値を感じていたとしても、関係者が納得できなければ進められません。

特に大企業の場合は、その承認プロセスが長くなりがちです。直属の上司から、その上の上司、さらにその上……と、何段もの承認を得る必要があります。関係者が増えれば、承認プロセスは何倍にも膨れ上がります。

ではどうすれば、関係者の理解を得られたうえで、スムーズに承認プロセスを進められるのか。**そのコツは、「スイートスポットを狙う」ことです。私の場合は、「ビジネスパー**

**トナーとなる企業の承認が取れている」という裏づけを用意することでした。**

私が考えていた新規事業のアイデアは、洋服のシェアリングサービス。そのアイデアを実現させるためには、ファッション業界との連携が不可欠です。他社と連携するには、該当企業を担当する部門を窓口として進めなければなりません。

しかし、他部署へ話を通すための承認にも多くの時間がかかってしまいます。また、自社とつながりのある相手側窓口から新規事業部門へ話を通していただくことにも時間がかかることが想像できました。

そこで私は、社外のイベントやオープンイノベーションの集まりなどに参加し、パートナーとなりうる人との出会いを探すことにしました。

そうして出会ったのが、三越伊勢丹のバイヤーの方です。その方に私のアイデアを披露し、三越伊勢丹の中で新規事業を推進する方とつないでいただいたのです。そして両者にメリットがあり、かつ実現可能性のある企画にすべく、プライベートの時間を使ってアイデアをブラッシュアップ。

お互いにまずは直属の上司に企画をプレゼンし、もっとも身近な単位で承認を得ます。そうしたら、それぞれが「パートナー企業の承認を得られた」ことを裏づけに、さらに上の階層の承認を得る。それを繰り返していくと、社内である程度の権限を持つ人の承認を獲得できます。

そこでようやく、社内の関係各所に話をするのです。そのときにはすでに、意思決定権者から企画の承認が得られているため、「先方が了承しているなら」と話がスムーズに進みます。

ここまでくれば、社内で事業を進めることは難しくありません。社内にメリットがあるうえ、空中分解するリスクも少ない段階まで練られた企画なので、反対の声が上がりにくいのです。

こうして私は、当時まだ理解されにくかった洋服のシェアリングサービス「CARITE」の実現にこぎつけました（「CARITE」は2020年7月31日サービス終了）。

## 外堀を埋めて社内承認をスピードアップ

社内だけで新規事業を創り出すことは難しいのが現実です。しかし、社外のパートナーを見つけ、アイデアを実現させようと思っても、既存のルールに従って承認を待っていては時間が足りません。

**本当に実現したいアイデアがあるのなら、プライベートでもパートナー企業を探しに行き、まずは自分自身の力で共創のタネをあたためる。そして、手を組む両社にとってメリットのある形まで仕上がったら、直属の上司の承認を取る。**このようにして外堀を埋め、大企業の「スイートスポット」を突くことが重要なのです。

この方法は、社内承認の速度を上げられる一方で、その企業の担当部署との関係を悪化させかねない、リスクある手法でもあります。本来は、担当者が窓口となって話をするところ、私はプライベートでその企業に直接アプローチしました。それでも反発を受けることなく事業を実現できたのは、担当者と関わりのない部署の人と手を組んだから、と言えます。

担当者がやりとりしていたのはシステム部門。しかし私の企画に必要だったのは、三越伊勢丹の中でも、より消費者に近い現場で働く部門との連携でした。そのため、担当者に損害を与えるリスクが少なかったのです。これが、社内トラブル回避に奏功したのだと思います。

新規事業を推進するためには、まず本質的なパートナーを見つけなければなりません。そしてパートナーが見つかったら、外堀を埋めて社内の承認を得られやすくすることがポイントです。

**新規事業のアイデアを持っていても「なかなか社内で認められない」と悩んでいるなら、ぜひ「自分がやりたいことの本質的なパートナーは誰か」をまず考えてみてください。**そのパートナーとのつながりを活かして「外堀」を埋めることができれば、アイデアの実現可能性はグッと上がります。

SUMMARY

**あなたの事業アイデアの「本質的パートナー」は誰でしょうか。その人物を味方につけることで、社内調整の煩雑さと意思決定の遅さを同時に解決する道が見えてきます。**

「先頭に立たない」という選択肢が、
かえってアイデアを成長させる

# 社内アクセラレーター

HACK THE BIG COMPANY

## 23

リコー
大越瑛美 *Emi Okoshi*

新規事業のアイデアが浮かんだとしても、実行するところまで辿り着けず、もどかしい思いをしたことはありませんか？　私は何度もあります。

アイデアを会社の事業として形にするためには、社内の関係者に共感してもらうだけでは不十分であり、一緒に歩いてもらうための工夫や配慮が必要です。しかしそれは一朝一夕に理解できるものでもありません。アイデアを持っていることと、事業化して実現することは、別の話なのです。

**それでも「この会社で新しい価値を創造したい」と思うなら、私は一度「応援者」になることをおすすめします。**新規事業創出と聞くと、多くの人は、リーダーとして舞台に立つ人を思い浮かべるかもしれません。スポットライトが当たる存在に憧れを抱く人もいるでしょう。

しかし実際に物事を推進するには、リーダーについていくメンバーの力が不可欠です。誰かのアイデアに巻き込まれてみたら、ひとりでは叶わなかった場所に辿り着いていた……なんてこともあるかもしれません。まさに私自身がそうだったのですから。

リコー　大越瑛美 *Emi Okoshi*

千葉県生まれ。米国Diablo Valley College卒業後、リコージャパン株式会社入社。複合機周辺アプリケーションのプリセールスを経て、360度カメラRICOH THETAのマーケティング・コラボレーション担当。環境CSV拠点「リコー環境事業開発センター」のマーケティング担当を経て、2019年アクセラレータープログラムTRIBUSを立ち上げ、事務局に従事。

## アイデアを実現できないモヤモヤは、応援する側に回って解消した

リコージャパンに入社して2～3年目の頃、私は20代を中心とした社内有志グループに参加しており、業務外の活動として新規事業を考える機会がありました。ところが、アイデアを企画として上司にプレゼンしても、「考えてくれてありがとう」と感謝されて終わり。実際に形にするフェーズには、なかなか辿り着けませんでした。私自身も、どうすればその企画を実行できるのか、会社にどう働きかけるべきなのか、よくわかっていなかったのです。

そのようなことが何度か繰り返されてモヤモヤを抱えていた私ですが、アクセラレータープログラム「TRIBUS（トライバス）」の運営側に参画したことで大きな転機を迎えます。TRIBUSは、アイデアを持つ社員が実現に向けて挑戦できる場として立ち上がったプログラム。新規事業を生み出すために、まずは挑戦の場を作ろうと、経営層が判断したのです。そして私はTRIBUSの事務局という立場で、アイデアを形にしたい人たちをサポートする側に回りました。

リコーはもともと組織間の横のつながりも多く「挑戦するひとを応援する」という文化が根づいています。そのため、活動を続けていると「TRIBUSを支援したい」と申し出てくれる社員も現れるようになりました。そのように応援したい人たちのスキルセットを登録して社内に公開する「サポーターズ」という仕組みも立ち上がり、TRIBUSに関わる人の輪は徐々に拡大しています。

私はTRIBUSの活動を通して、多くのアイデアと熱量ある人たちに出会え、刺激的な日々を送ることになりました。決して自分の中からは出てこないようなアイデアを、サポートする側として見守りながら、どうしたらこの事業をこの会社の中で立ち上げられるのか、人事、法務、経理、広報などの機能部門から参画してくれている事務局メンバーとも相談して仕組みを作っていきました。**自分のアイデアでなくとも、新しい価値が世の中に生まれていく様子を近くで応援できるのは、本当に貴重な体験であり、ワクワクするものでした。**

## 「先頭に立たない」という選択肢

私が新規事業に魅力を感じるようになったのには、1つの原体験があります。周囲の風景を360度、ワンショットで撮影できる「RICOH THETA」（リコー・シータ）というカメラ。私はかつて、この商品のマーケティングや広報などを担当していた時期がありました。初めてRICOH THETAで撮影した風景を見たときのお客様のさまざまな反応や、手に取って感動してくださっていた姿は、今でも忘れられません。新しい価値を作ること、そしてそれを世に出すことは、非常にインパクトのある経験であり、やりがいを感じる仕事でした。

また、マーケティング施策の中でさまざまな企業とのコラボレーション企画を考えるにあたり、双方でリソースを持ち寄って組み合わせると、実現できることがたくさんあると気づきました。

このときの経験がきっかけで、私は新しい価値に対し大きな関心を抱いています。ですが、必ずしもリーダーとして先頭に立たなければならない、とは思っていません。どのような立場であっても世の中に価値をもたらすことができる、と考えています。

企画を立ち上げ、実現に向けて行動するフェーズでは、リーダーよりメンバーの力の割合が大きいと言われます。それを聞いたとき、私は共感すると同時に納得しました。なぜなら、私自身が支える側として活動する中で、「メンバーの力がなければ物事は実現に向かわない」ということを強く実感するからです。

新規事業創出では、リーダーに注目が集まりがちです。

**しかし実際は、その何倍もの人たちが後ろで支え、ともに歩んでいるからこそ、事業は実現できています。いつか新規事業を自らの手で生み出したいと考えている人こそ、一度サポートする側の経験をしてみると、見える景色が変わるかもしれません。**

TRIBUSでの活動を通して、巻き込まれる人がいるからこそ動いていく事業もあるのだと知りました。もし巻き込まれる機会があれば、ぜひその状況を楽しんでみてください。そして、先頭に立つ以外にも選択肢があることを知ってほしいと思います。「なかなかアイデアを実現できない」と靄がかかった心も、立場を変えたらきっと晴れることもあるはずです。

## SUMMARY

何でも自分でゼロからアイデアを出して提案しないといけないと思っていませんか？　あえて「応援者に回る」ことで、アイデア実現の道を探ってみましょう。

オープンイノベーションの
成功確率をグンと上げる!

# ライトモード／本気モード切り替え

HACK THE BIG COMPANY

24

コエステ／東芝
金子祐紀 Yuki Kaneko

会社の垣根を越えて知識や技術を流出入させることで革新を起こす「オープンイノベーション」に取り組む大企業は、近年、増加傾向にあります。一方で、オープンイノベーションに対しては「メイン業務ではない」という認識が生まれやすく、思うように進展しないということが起こりがちなのも事実です。

**そんなオープンイノベーションに有効なのが、「ライトモード／本気モード切り替え」です。**

## 通常はライトモード、具体化してからは本気モード

私自身もオープンイノベーションに取り組むひとりです。かつては、何かしらの成果を出したいと思いながらも、うまく進まない状況が続いていました。オープンイノベーションに取り組む人の多くは別のメイン業務を抱えています。そのうえで新たなアイデアを生み出さなければならないため、オープンイノベーションはどうしても片手間作業になりがち。放っておけば、何も進捗がないまま月日だけが経ってしまいます。

では、オープンイノベーションのために時間と手間をかけつづければ成果が

コエステ／東芝　金子祐紀 *Yuki Kaneko*

2005年に東芝に入社し、さまざまな新規事業の立ち上げに携わる社内起業家。2016年から声の新しいプラットフォーム「コエステーション」を立ち上げ、エイベックスとの合弁会社であるコエステ株式会社を設立。2020年4月にコエステ株式会社の執行役員に就任。東京大学大学院協力研究員。

出るのかというと、決してそうではありません。「なんとなく」でコスト（＝時間、手間）をかけても、何も進まない経験は私自身、幾度もありました。そこで私は、「いっそ割り切ったほうがうまくいくのではないか」と考えたのです。

大企業とスタートアップをつなげるピッチ大会など、交流の場には可能な限り出向き、自社の技術を知ってもらう。そこで出会った人とは、ＳＮＳなどでつながっておく。そして、具体的なアイデアの種が生まれるまでは、そのまま放っておく――**つまり、通常は「ライトモード」でコストを最低限に抑えて過ごします。**

そして、**お互いのアイデアがマッチして企画が具体化した瞬間から、「本気モード」に切り替えるのです。**ここからはコストもかけて、メイン業務として一気に進めていきます。もちろん相手にも本気モードのスイッチを入れてもらわなければなりません。

すると、オープンイノベーションの成功確率がぐんと上がるのです。実際に、ライトモードから本気モードへうまく切り替えたことで、新サービスがローンチした事例もあります。

## 成功の秘訣は「自分から先に動いて楽しく巻き込む」

自分が本気モードに切り替えた後、いかに相手を本気モードにさせるかが、この技の成功のカギです。「人を動かすのは難しい」と思われがちですが、**実は、相手の本気モードのスイッチを押す秘訣があります。それは自分から能動的に動くことです。**

たとえば、ミーティングもすべてこちらから設定しますし、次のミーティングに必要な材料集めも自ら行います。ここでポイントになるのが、「自分はこれをやるから、あなたはこれをお願いします」と相手にも宿題を出すこと。オープンイノベーションはそもそも協業で進めるものですから、こちらが先に役割を引き受ければ、相手も課された宿題を断りにくくなります。そうして徐々に相手の役割も増やしていき、メイン業務扱いしてもらうのです。

もう1つ大切なのが、相手に「楽しそう」と思ってもらうことです。こちらがどれだけ本気モードに切り替えても、「楽しくない」「やる意義がない」と思われてしまえば、時間を割いてもらえません。「これが実現したら絶対面白いものが生まれる！」と思える雰囲気を作り、相手も楽しみながら巻き込まれてくれる状況を作ることが重要なのです。

いつまでライトモードで、いつから本気モードに切り替えるのか、最初は悩むこともあるでしょう。しかし実践を積んでいくうちに感覚が身についていきます。また、もともと持っていたメイン業務を手放せず、本気モードに切り替えられないという悩みも出てくるかもしれません。しかし、会社側はどうにかしてオープンイノベーションの成果を出したいと思っている場合がほとんどなので、新規事業の道筋を説明して納得してもらえれば、メイン業務の変更には協力してもらえるでしょう。

注意すべきなのは、ライトモードと本気モードの中間の状態です。私の経験上、このような状態で新規事業を進めるのは非常に難しいと感じています。**本気モードに切り替えたら中途半端にしないこと**。そうすれば、形だけになりがちなオープンイノベーションの成功例が増えていくはずです。

SUMMARY

**本業を抱えながら中途半端に探索していても、なかなかオープンイノベーションにはつながりません。「本気モード」に切り替えるタイミングを意識しながら探索するよう心がけよう。**

自分の裁量で使えるリソースを使って
悪循環を断ち切る!

HACK THE BIG COMPANY

25

Ridgelinez
山田修平 *Shuhei Yamada*

# 休日・自費の最大限活用

新規事業創出のニーズが高まるとともに、大企業でも新規事業専門の部署を立ち上げることは増えてきました。

しかし、本来はフットワーク軽く新しい技術や知見を仕入れるべきであるにもかかわらず、「必要性を理解できない」というだけの理由から行動を制限されてしまうという話もよく聞きます。

結果、名ばかりになってしまい、会社の中でも本気度の低い部署として軽んじられてしまう、という悪循環に陥りがちです。

新規事業創出に関わるメンバーも、「あくまで会社の仕事として進めたい」と考えていると、既存のルールや上司の指示に縛られてしまいます。

**しかし、所属する企業の中で実現したい夢やアイデアを持っているのなら、たとえば「休日や自費を使って実現する」という方法もあるのではないかと思うのです。**

ここで紹介する私のやり方は、少し過剰に聞こえるかもしれません。ただ、それだけ情熱を注ぎたい事業があったということを理解してもらえればと思います。

Ridgelinez | 山田修平 *Shuhei Yamada*

1984年茨城県生まれ。2008年富士通入社。営業、新規事業開発を経て2020年4月よりDXコンサルティング会社であるRidgelinezに出向。三越伊勢丹との共創にて、ファッションシェアリング/サブスクサービス「CARITE」をリリース(2020年7月31日サービス終了)。ANAとの共創にて「手ぶら旅行サービス」をリリース。現職にて、DXによる新規事業開発、共創プロジェクト等の支援を実施。

## 休みをとって自費でシリコンバレーへ〝出張〟

私がかつて所属していた部署でも新規事業創出を1つのミッションとして掲げていました。ですが、そこでは「新規事業創出」を謳っているものの、なかなか実現しない状態が続いていました。新規事業は、既存事業のように明確な期限やゴールを決めることが難しく、ある意味終わりがなく、また成功することが稀です。そのため、そういった曖昧さや正解がないことを理由に甘えたり言い訳にしたりすることができるため、既存事業と同じだけの緊張感と熱量が生まれにくい環境のように感じました。まさに冒頭で示した悪循環の中でもがいていたのです。

大企業なので、主力となる既存事業に注力することは理解できます。エース級社員も、すべて既存事業にアサイン。新規事業というミッションは、どうしても中途半端な存在になってしまいがちだと思います。

また、既存のルールに沿ったマネジメントが行われており、行動が制限されていたことも新規事業にとって足かせとなっていました。私が「新規事業に必要な知識が得られそう」

と考えて、就業時間中に参加をしようと考えたセミナーや勉強会も、承認者の理解を得られないがために参加できないことが多かったのです。たとえ電車で数駅の距離の〝出張〟でさえ認められません。かといって、私がどれほど必要性を訴えても、目新しいサービスを理解してもらうのは至難の業でした。

私が考えていた「洋服のシェアリングサービス」という新規事業アイデアを実現するため、アメリカ・シリコンバレーへの出張も願い出ていました。しかし当然、承認されません。もしこの出張を実現させせようと思ったら、半年、いや1年ほどの期間をかける必要があったでしょう。しかも、時間をかけたからといって実現する保証もありません。

しかし世の中の流行は、あっという間に移り変わります。

**「新規事業を成功させるためには、今このタイミングで進めなければならない」**

そう考えた私は、業務としてシリコンバレーへ出張することを諦めました。1年もかけていたら、アイデアの新鮮さが失われてしまう。そう考えた私は、会社の休日と有給休暇を使い、自費でシリコンバレーへ行くことにしたのです。

シェアリングサービスやサブスクリプションサービスは、日本で普及するより前にアメリカで注目されていました。事業に関わるパートナーを説得するためにも、流行の最先端を確かめておきたかったのです。

そうして現地で仕入れてきた情報や、出会った人々とのネットワークにより、私が考えていたサービスの将来性や実現性がよりクリアになりました。それが功を奏し、洋服のシェアリングサービス「CARITE」をリリースできたのです（「CARITE」は2020年7月31日サービス終了）。

## プライベート出張だからこそ得られるものがある

会社の業務として推進する新規事業。本来であれば、業務時間内に会社の費用を使って進めるべきことです。

だけど想像してみてください。会社の費用で出張した場合、宿泊先は会社指定のホテルになるでしょう。出張で見学する場所や企業も自分だけでは決められず、上司の意見を織り込む必要が出てきます。限られた日程の中で多くの出張先とアウトプットを求められ、もともと自分が得たかった情報を得られないまま、表層的なツアーをして帰ってくることになるかもしれません。

しかしプライベートであれば、どこに泊まろうとどこを見学しようと自由です。私の場合、アメリカの民泊サービス「Airbnb」を利用して滞在しました。そこで出会ったのは、起業家精神あふれる人たち。民泊という新しいサービスを体験するだけでなく、出会った人たちに新規事業創出の原動力をもらえました。最新の情報と、現地の人たちとのネットワーク。これは、会社の出張では得られなかっただろうと思います。

何より、スピード感のある情報収集ができたことは大きな成果でした。上司に出張の承認をもらうため、半年も1年も時間を費やしていたとしたら、私が考えたアイデアは誰かに先を越されていたかもしれません。そのようなことを繰り返していたら、新規事業はいつまで経っても生まれないでしょう。

大企業で新規事業を推進するためには、越えなければならないハードルは数多く存在します。一方で、そんなハードルを越えて大企業が新規事業を実現できたときに社会に提供するインパクトは、相当大きい。なぜなら大企業の潤沢なリソースを利用してこそスピード感を持って実現できる事業もあるはずだからです。

**私は大企業のポテンシャルを信じています。だからこそ、まずは最初のハードルを越えるために、自分の裁量で使えるリソースをすべて注ぎ込んだのです。**

「本気で叶えたい夢がある」「情熱を注ぎたいアイデアがある」――それならまずは、自分の裁量で使えるものをとことん使ってみてください。きっと、新規事業の説得材料の獲得にとどまらず、自分自身の人生が変わるような経験を得られると思います。

## SUMMARY

**アイデアが実現しないのを会社や上司のせいにする前に、自分の裁量で使えるリソースを洗い出してみてください。休日や自費を活用することで、実現への道が拓けるはずです。**

煩雑な社内ルールをかいくぐって
スピードアップ!

HACK THE BIG COMPANY

26 コエステ/東芝
金子祐紀 Yuki Kaneko

# 新会社にポジティブ脱出

大企業の中で新規事業を推進する際、「社内ルール」が壁となって立ちはだかることも少なくありません。スピード感を持って進めたい新規事業も、社内ルールを守ることで失速してしまい、思うような成果を出せないことがあります。

そこで私が考えたのは「新会社にポジティブ脱出する」という技。**大企業のアセットを活用しつつ、新規事業を推し進めるために、新しい会社を作って文字通り脱出したのです。**

## 厳しい社内ルールの「適用外」へ脱出しよう

コンプライアンスが厳しく求められる今、多くの大企業は厳格な社内ルールを設けて社内統治を行っています。それは企業として大切なことですが、身動きが取りづらくなるリスクを伴います。

特に新規事業の立ち上げにおいては、厳格な社内ルールがスピードの欠如を招きかねません。厳しいセキュリティルールによって、チャットツールを使ったやりとりが制限されたり、全社に課された高い品質基準によって、サービス

コエステ／東芝　金子祐紀 *Yuki Kaneko*

2005年に東芝に入社し、さまざまな新規事業の立ち上げに携わる社内起業家。2016年から声の新しいプラットフォーム「コエステーション」を立ち上げ、エイベックスとの合弁会社であるコエステ株式会社を設立。2020年4月にコエステ株式会社の執行役員に就任。東京大学大学院協力研究員。

のベータ版がリリースできなかったりするといったことが頻出しています。

私の場合、東芝の音声合成技術を活用した新サービスとして「コエステ」という事業開発を行っていました。コエステは、ユーザーの声の特徴をＡＩが学習することで、その人の声の元（＝コエ）を使ったテキスト読み上げを可能にするサービスです。一般の方から芸能人までさまざまな人のコエを集めて企業などに「コエの利用権」と音声合成ツールを販売し、利用料をコエの主に支払う仕組みになっています。

この事業を加速させるためには、東芝が持っていた技術だけでなく、エンターテインメント事業への知見や芸能界とのコネクションを持つ企業との連携が必要でした。そこで壁となったのが、社内ルールによる他社とのコミュニケーションのとりづらさや、このサービスに対しては高すぎる品質基準でした。

**そこで私は、この事業の企画構想段階からすべての関係者に対して「事業を会社の外に出す」と宣言していました。**東芝の管理下から離れることで、もっとスピーディーに事業を推し進められると考えていたからです。

そして事業立ち上げから4年目の２０２０年2月に、エイベックスと東芝デジタルソリューションズのジョイントベンチャーとしてコエステ株式会社を設立し、私は東芝からの出向という形で、新会社の執行役員に就任しました。
事業を東芝の外に出したことで意思決定のスピードが上がり、必要以上に高い品質基準を満たすためのコストも削減できました。

## 大企業社員の強みを最大限利用して、社会に大きなインパクトを

事業を会社の外に出すという提案には、社長を含むすべての関係者がおおむねポジティブな反応を示してくれていました。全員がコエステ事業にポテンシャルを感じながらも、社内で進めることの難しさに気づいていたのでしょう。ただ、前例のないことだったため、誰もが「どう進めればいいのか」と迷っていました。事業を社外に出すことも、他社とのジョイントベンチャーを立ち上げることも、何もかもが初めてだったのです。

いざ新会社を設立しようとすると、音声合成技術に関する知的財産権の取り扱いや、手を組む企業との持株比率といった細かい条件が課題となります。特に知的財産権については、企業規模が大きく歴史が長いほど、外に出すことを心配する声も大きくなりがちです。コエステが利用している技術も、東芝が40年以上かけて研究開発してきたもの。それを社外のサービスとして利用していいのか、社外に出すならどのような条件をつけるべきなの

か、議論に議論を重ねました。最終的には、細かい条件のすり合わせを徹底したことで新会社への脱出を実現しましたが、やはり苦労は並大抵のものではありませんでした。

**それでも、せっかく大企業にいるのなら、そのアセットを利用しない手はないと思うのです。自分ひとりの知恵と経験には限界がありますが、大企業の持つ知恵と経験を使えば社会に大きなインパクトを与えられる可能性が生まれます。**

大企業の中で新規事業を立ち上げようとすると、「アイデア自体はすごくいいのに、社内ルールに縛られて身動きが取れない」という状況に陥りやすいと思います。そこで諦めてしまうのではなく、「新会社を作って事業を社外に出す」という選択肢も考えてみてほしい。すべての事業に適用できるわけではありませんが、このような選択肢があることを頭に入れておくだけで、事業の進め方に大きな違いが出るのではないでしょうか。

新会社への脱出を提案したとき、「社内に前例がないから」と却下されるようであれば、ぜひ私の事例を紹介してみてください。一定の条件を満たせば、経済産業省の「出向起業等創出支援事業」による補助も受けられます。これは、大企業人材が在職しながら会社を設立して新規事業に取り組むことを推進するものです。他社での取り組みや国の施策が、新会社へのポジティブ脱出を後押ししてくれるかもしれません。

## SUMMARY

どんなにいいアイデアも「社内ルール」に抵触してしまっては進みづらくなるもの。大企業のアセットを活用したイノベーション実現のためには、あえて「事業を社外に出す」ことも有効です。

「なんでも楽しむ」姿勢で
失敗を失敗で終わらせない

HACK THE BIG COMPANY

27 トヨタ自動車
土井雄介 *Yusuke Doi*

# 優先順位は「プライド＜プレイ」

「誰からも指摘を受けずに一発で企画を通したい」
「受けた質問にはすべて完璧に答えたい」
社内でプレゼンを行う際、そんなふうに思ってしまうことはないでしょうか。そんなプライドを胸にプレゼンすると、結局さまざまな指摘を受けて企画の承認を得られなかったり、論破することに必死で時間切れになってしまったりと、失敗に終わることが多いかもしれません。

本来は、その場にいる人たちに指摘やアドバイスをもらい、企画をブラッシュアップするためにプレゼンをしているはず。それなのに「指摘を受けないこと」にこだわってしまうと、適切なフィードバックを得られず、企画自体にどう手を加えればいいのかわからなくなってしまいます。

**「企画をよりよいものにして実現にこぎつける」というプレゼンの目的を忘れないためには、ゴールまでの道や手段を選ばないマインドが大切です。**「かっこよくプレゼンしたい」というプライドは捨て、ゴールまでの道のりをポジティブに楽しめれば、到達できる場所も仕事の楽しさも、大きく変わっていきます。

トヨタ自動車　土井雄介 *Yusuke Doi*

1990年静岡県生まれ。2015年東京工業大学大学院卒業後、トヨタ自動車に入社。物流改善支援業務を行ったのち、社内公募制度に起案し、2年連続で事業化採択案に選出。役員付きの特命業務を担当。その後自身でベンチャー出向を提案し、AlphaDriveに参画。2016年「A-1 TOYOTA」を共同で立ち上げ、ONE JAPANに参画。幹事／TOKAI代表を務める。

## プレゼンの失敗は、間違いを知るチャンス

何を隠そう、入社して4年目くらいまでは私も、「せっかく企画をプレゼンするのなら、かっこよく決めたい」と思っており、否定されることや指摘されることを極端に嫌がっていました。そして、思うような結果が得られなかったら「この企画がダメだったのか」と悲観し、諦めてしまっていたのです。

さらには、プレゼンの途中で受けた指摘に対し、「説得しなければ」「論破しなければ」という気持ちになって、とにかく自分の言い分を伝えるばかり。プレゼンが終わった後で、一体何をどう改善すれば企画が実現できるのかわからない状態になっていました。

しかしあるとき、プレゼンに同席してもらっていた先輩社員の一言でマインドが180度変わります。そのときも、自分のプライドに気を取られていた結果、プレゼンは大失敗に終わって落ち込んでいました。**そんな私に先輩は、「この資料のどこが違うのか、わかってよかったね」と明るく声をかけてくれたのです。**

周りから見れば「プレゼンに大失敗した若手社員」でしかない私。先輩のようにポジティ

ブな受け取り方をする人は、ほとんどいないと思います。でもその先輩は、「企画を通す」というプレゼンの本来の目的を忘れず、プレゼンの失敗を「企画の実現に必要なこと」として受け止めていたのです。

それ以来、私はプレゼンで「かっこよく一発で承認してもらおう」と思うことをやめました。そして、指摘を受けても言い返さず、相手が何に違和感を抱いているのか知ることに意識を向けるようにしています。

**マインドを変えたことで、指摘はすべて「ありがたいアドバイス」と思えるようになり、プレゼンがうまくいかなくても落ち込まなくなりました。指摘されたアドバイスを素直に聞き入れた結果、通したい企画を通せる確率も上がったのです。**

## ゴールへの道は1つじゃない。回り道も楽しもう

仕事をしていると、プレゼンに限らずあらゆる場面で指摘を受けたり失敗したりすることがあります。しかしプレゼンに対するマインドが変わったことで、すべての失敗をポジ

ティブに捉えられるようになり、以前より仕事を楽しめるようになりました。

**マインドを変えるポイントは、「社内の人は敵ではなく、みんな同じ方向を見ている味方だ」と考えること**。以前の私は、企画に反対したりダメ出しをしたりする人を敵だと考えていました。しかし、同じ会社に所属する者同士、本来は同じ目的・目標に向かって進んでいるはず。

そう思えば、どんなに否定されても指摘されても、すべて「前に進むためのアドバイス」と受け取れるようになります。敵ではないので論破する必要もありません。

また、プレゼンで指摘を受けた場合、「必ずしも企画そのものを否定されているわけではない」と気づけたこともマインドの変化につながりました。実際、一度は却下されたものの、資料を修正するだけで元のアイデアを大きく変えることなく承認された企画もあります。

企業の中で、自分のやりたいことを実現させる手段は1つではありません。山を登るルートがたくさんあるように、目的を達成するための道はいくつもあります。「一直線に登ることがかっこいい」というプライドはいったん捨てて、回り道もしてみる。どんな道でも、ゴールに辿り着ければいい。

プレゼンの成功に固執するあまり、実現させたい企画が通らずに悩んでいるなら、まずはマインドを変えてみてください。すると、これまで見えなかった道や協力者が目の前に現れ、一歩ずつゴールに近づけます。

大企業においては、多くの社員が味方になってくれることも大きなメリットです。アドバイスをくれる人が増えれば、それだけ知識や手段が増え、実現できることも増えます。**ひとりでは登れなかった山も、多くの人に応援してもらうことでより高いところまで登れるようになり、見える景色も広がる。その結果、会社や仕事の見え方も変わってくるはずです。**

## SUMMARY

**完璧なプレゼン、完璧な企画は、存在しません。プライドを捨て、人からもらう意見や指摘はすべて「アイデアを実現するためのアドバイス」と受け取ることから始めてみよう。**

# 第4章

# 「根回し2.0」で社内外に網の目状のつながりを!

4

同質化・新陳代謝不全

を防ぐスキル9

イノベーションを担う人材の
「量」と「幅」はこうして増やそう

HACK THE BIG COMPANY

# 28

ONE JAPAN 幹事（広報担当）
事業共創プロジェクトリーダー
福井崇博 *Takahiro Fukui*

# 「全員スター化」と「演じ分け」

「オープンイノベーションを社内に根づかせたいけれど、一部でしか盛り上がらない」

「オープンイノベーションと叫ばれているけれど、バックオフィスの自分たちは関係ない」

そんなふうに、変革からの取り残しを感じてしまったり、もしくは周囲にそう感じさせてしまったりしたことはありませんか。

今回おすすめしたい技は2つ。どちらも、大企業の変革の渦の中心にいる人にも、外にいる人にも、ヒントになる技です。組織を変革させるために、そして自分自身の幅も広げていくために、きっと役に立つと思います。

## ポイント1 「全員スター化」であらゆるポジションの人に光を当てる

**1つ目の技は、社員に対して戦略的にスポットライトを当てていくこと。**私自身、ONE JAPANで広報担当幹事として「全員スター化」を意識して実

ONE JAPAN 福井崇博 Takahiro Fukui

1987年三重県生まれ。2010年日本郵便入社。ローソン出向やオープンイノベーションプログラム立ち上げ等を経験。2017年横浜国立大学大学院国際社会科学府経営学専攻博士課程前期社会人専修コース修了。2018年東急入社。CVC立ち上げやオープンイノベーションの仕組化を推進。2016年よりONE JAPANに参加。現在は幹事を務める。

践しています。「顔が見えるＯＮＥ　ＪＡＰＡＮ」にしていきたいと思っているためです。

立ち上げ当初は、代表や副代表が前面に出てリードしてきました。それが今では、いろんな人がそれぞれのポジションでリードすることで成り立っているＯＮＥ　ＪＡＰＡＮとなってきています。所属する大企業で活躍している人もいれば、ＯＮＥ　ＪＡＰＡＮの運営に対してチャレンジしてくれている人もいます。いろんな人がいるというブランディングが、組織のスケールやサステナビリティにつながるのです。

一方前職では、会社を変えるために社内政治の一環で主に上の層に対して「全員スター化」を試みたこともありました。特定の派閥や人に肩入れせず幅広く役員やミドル層を巻き込んでいくために、社内賛同者を増やすキーパーソンとなるような人にスポットライトを当てたのです。

**こうして、本来光が当たりにくいような人も戦略的に前面に出していくことによって、一体感が生まれてきます。**するとと挑戦する人も増えてくるのです。私が今取り組んでいるテーマは、「オープンイノベーションを大企業の文化として当たり前に根づかせること」。そのためには小さな変化をも大切にして、変化を「当たり前」にしていかなければなりません。

そこで特に昨年からは「2階建て経営」の1階の人も積極的に出てもらうようにしています。よく取り上げられるのは新規事業系の人とかオープンイノベーション担当者とかに偏りがちですが、大企業は既存事業や現場があって成り立っていますし、人数比率も「1階」のほうが大きいのです。そして大きなカイゼンでなくても、目の前の小さなカイゼンに一歩踏み出せる人がもっと増えれば、世の中は変えられると思っています。

広報チームとして、たとえば人生経験のシェアリングサービスを謳う「another life.」とタイアップでメンバーのインタビュー掲載を始めたのもそういう狙いから。他にも、ONE JAPANの「note」では事務局メンバーのインタビューを載せたり、「ウェブ電通報」でもいろんなメンバーに登場してもらったりしています。**メディア露出することで、これらの人たちに応援者も増えやすくなります。そしてみんなが変革の中の人になることで、企業を動かす仲間の輪も広がっていくのです。**

## ポイント2　「演じ分け」で活躍の幅を広げていく

組織も人も、変化が滞ると成長が止まってしまいます。たとえば、特定のイノベーターだけに依存してしまうことで、チームとしてイノベーションを起こせない体質になるという問題があります。短期的にはそれでよくても、持続的に組織を変革させることはできません。常に新たなイノベーターが求められるのです。

そうなると、外部から人材を調達するか、内部でのポジション替えが必要になるはずです。**これからはいろんなポジションを「演じ分け」できる人が重宝されるのではないでしょうか。**

私自身「ＯＮＥ ＪＡＰＡＮ事業共創プロジェクト」では司令塔でいるようにしていますが、ＯＮＥ ＪＡＰＡＮ全体では司令塔ではありません。これまでの仕事でも、いろんなポジションを担うようにしていました。チームの中でいろんなポジションを演じていくことで、自分の幅が広がっていくのを実感しています。逆にあるポジションでスポットライトが当たったとしても「ここが評価されたからいいんだ」で終わってしまうと、成長の幅が狭まると思います。

だからたとえば今もしリーダーではなくても、自分でオーナーシップを持って牽引していくプロジェクトもやっていくことがおすすめです。演じ分けのポートフォリオの持ち方は人それぞれですが「ここでは自分が〝10番〟なんだ」というものを持つことが大事です。実際にそのポジションでやってみるからこそ見えてくることだってあるんです。

**意識して演じ分けができることで、メンバーの状態でもメンバーなりのアクションを起こせるようになります。またリーダーとしても新しい経験ができるでしょう。**そうして自分も成長していきながら、いろいろな場面で組織の変革にも関われるようになっていくのです。

## SUMMARY

**大企業の中にいると、スタートアップや新規事業が華々しく見えることもあるかもしれません。でも大企業では、どんなポジションでも大きなインパクトを作り出せる可能性があります。思い切って視点をずらしてみれば、新たなスターや舞台がきっと見つかるはずです。**

みんなが「1ミリ」動けば、
自分もチームも大成長！

HACK THE BIG COMPANY

29 野村総合研究所
川崎万莉 Mari Kawasaki

# リーダーよりも「セカンドペンギン」

「みんなが心からワクワクして働けるようにするためには、一体どうすれば？」
大企業の中でチームの空気をよくしていくのは、必要だけど難しいものです。
特に、リーダーでもなく、役職もない自分にはそんなことはできない。そう思い込んでいる人もいるのではないでしょうか。
ですが、私の経験から言えば、**メンバー一人ひとりの「小さな一歩」でチームの空気を変えていくことは可能です。**

私はもともと人が好きで、一緒に働いている人にとって、チームがどんな「場所」になっていると気持ちよく仕事できるだろう？と考えるのが好きでした。たまたま異職種が続くキャリアを歩んでいますが、対象を深く理解して「関係性の質」を高めることで、仕事の流れを円滑にしたいという思いは一貫しています。

多様な職場で働いてきて気づいたのは、チームがミッションに向かって前向きに進んでいるときは、みんなが自然と自分の強みを発揮して、お互いを信頼しあい、それぞれの挑戦をサポートできている、ということ。

**そして、そのために重要なのが、真っ先に飛び込んで旗を振るファーストペ**

野村総合研究所 川﨑万莉 *Mari Kawasaki*

2011年野村総合研究所入社。エンジニア・PM・システムコンサルタント等多様な職種を経験。2018年10月より同社有志団体「N次元」立ち上げに参画、「縦横斜めで繋がり、一歩踏み出す勇気を持てる場づくり」に取り組む。2020年よりONE JAPAN幹事（デジタルコミュニケーション担当）。

**ンギンというよりは、むしろ2番手、いわば「セカンドペンギン」の役割です。**

## 「組織の中で感じるモヤモヤ」を2つに分解する

組織の中で、「安心してやりたいことがやれる場所」を持っている人は、そう多くはないでしょう。

そのような場所では、息苦しさを感じつつも、自分を制限してしまい、組織の中で心がかたくなに閉じてしまいます。たとえばこんなモヤモヤ、感じたことはありませんか？

・何かやってみたいけれど、やってもいいのかわからない
・やりたいことがわからない
・やり方がわからない
・やれる自信がない

**セカンドペンギンの役割は、この「心がかたくなに閉じている状態」を解きほぐして「今いる場所で、何かやってみてもいいんだ」と思ってもらえる働きかけをすることです。**

セカンドペンギンの具体的な働きかけをご説明するために、なぜ「組織の中で心がかた

くなに閉じてしまう状態」になるのか、考えてみましょう。これまでの経験から、その人の周囲の環境面と、その人の内面の2つの理由があると私は思います。

## 1．環境面：チームや組織での安心感が足りない

テレワークが浸透している一方で、チームメンバーと他愛もない話をしたり、「重要ではないけれど困っていること」を相談できる機会が大きく減っています。

ライトな雑談や相談が気軽にできない組織では、メンバー同士の信頼関係も構築されづらく、お互いの信頼関係が確認できない状況でもあるため、意見を言ったり、提案したりといった「ちょっとした動き」がしにくくなります。これらの動きは、組織やチームに対して「自分はチームの一員なんだ」「発言や行動を受け止めてもらえる」という安心感がベースにあってこそ生まれるものだからです。

こういった状況では、チームメンバー同士が安心感や信頼感を持ってもらえるよう、たとえば業務や有志活動のチームメンバーに対しては、

・MTGの開始時にチェックイン、終了前にチェックアウトを行う
・必ず全員が発言タイミングを持てるよう、会議をファシリテートする
・あえて「雑談のみ」の時間を設けて、話しやすいネタやトピックを用意しておく

・大人数だけではなく、参加したメンバー全員がしっかり話せる少人数の場も設けるなどと働きかけています。

やっていること自体はとてもライトで簡単なものばかりですが、チームメンバー自身や周囲との関係性をよく観察し、チームの信頼関係や安心感の向上に寄与しているのか見極めています。時には、より深い安心感や信頼関係の構築を目的に、仕掛けとしてワークショップを活用することもあります。

### 2．内面：自分に自信を持ちづらい

仕事の進め方やスキルにおいて、人と自分を比べて「私なんて」と感じたことのある方は多いと思います。特に、入社や異動で新しくチームに入ってきたメンバーは、新しい環境下で余裕もないことが多い。自分のやっていることが間違っていないか、求められている役割がこなせていないのではないかと、不安でひとりモヤモヤを募らせて、自己肯定感を持てなくなることもあるでしょう。

チームでこういう人を見かけたら、その人への「すごい！」と「ありがとう！」を積極的に伝えています。たとえば、

・いつも多角度から物事を見てチーム全体の視野を広げてくれて感謝している
・見えていなかったタスクを洗い出したり、こぼれ球を拾って対応してくれてありがとう
・やらなきゃと思っていたことをさっとやってくれていて本当にありがたい

など、その人が持っている「すごい」部分と感謝をセットで伝えています。

**その人からすると無意識に、当たり前にやっていたことなのかもしれませんが、人から感謝の言葉とセットで言われることで、自信や成長実感につながります。**私も過去、何気なくやっていた行動を、人から「何かにチャレンジしている人をさっとサポートできる」と言語化してもらえたことで、「チーム醸成」が得意なんだと気づき、靄が晴れた経験があります。

## 「セカンドペンギン」が増えればチームも自分も成長する

ここまで、「セカンドペンギン」として自分がどのような振る舞いをしているかお伝えしてきましたが、私自身は最初から「セカンドペンギン」だったわけではありません。「どうしても○○をやりたい！」という強いＷＩＬＬもなく、有能なメンバーが揃う組織の中で

存在価値を感じることができないまま、モヤモヤを抱えていた人間でした。

そんな私の心を、さまざまな方法で少しずつ解きほぐしてくれたのが、社内の有志活動「N次元」のチームの仲間たち。有志活動とは何かすらわかっていなかった自分をウェルカムし、社外の活動である「ONE JAPAN」に連れ出して背中を押してくれたり、悩んだときには寄り添ってくれたりしました。

このチームでの安心感が大きくなるにつれ、まずは有志活動の中で「自分が自然とできること」を続けてみました。それが「みんなが気持ちよくやりたいことができるよう、サポートできることは何でもやる」でした。N次元やONE JAPANで、「セカンドペンギン」としてのさまざまな振る舞いを実践し、経験を積むことができました。私も周囲の「セカンドペンギン」にサポートしてもらいながら、「セカンドペンギンとしての技」を磨いていたのだと思います。

かたくなに閉じた心をほぐす「セカンドペンギン」としての振る舞いは、

・ハードルを下げる
・バランスを取る
・背中を押す

・あえて余地を残す、見せる
・若手、初心者に寄り添う
・共感する
・ウェルカムする

など、実はとても小さく、そして簡単です。**しかし、「閉じた心を解きほぐして、一歩踏み出す勇気を持てる場」を作り出せるセカンドペンギンは、チームをリードする技として、意味があると信じています。**

## SUMMARY

**チームの空気を変えるために「自分が引っ張らないと」と思い込んでいませんか？　「セカンドペンギン」として周囲をサポートしていけば、身の回りに「小さな挑戦者」を増やし、しかも自分の成長にもつながります。**

脇役と主役の演じ分けで
チャンスをものにしよう!

# 俳優になる

HACK THE BIG COMPANY

30

三越伊勢丹ホールディングス
額田純嗣 *Junji Nukada*

「俳優ってすごい！」

ドラマを観ていて、私はつくづくそう感じます。数か月のタームで、与えられた役に没入して演じる。同じ時期に別の役のオファーがあれば、演じ分けることだってするわけです。こうした俳優のすごさからヒントを得たのがこの技です。

こう書くと、チャンスをつかむためにいろんな役をこなせるようになれ、という話だと思われるかもしれません。もちろんそういう側面もありますが、**より重要なのは主演俳優と脇役を、自分の中で演じ分けるという考え方**。どんなときでも主演を目指せばいいというものではないのです。

この2ステップに沿って、この技「俳優になる」の概要をご紹介しましょう。

## ステップ1　脇役の務め

当たり前ですが、経験も蓄積もなしに最初から主演級の活躍ができる人なんて、そうはいません。

三越伊勢丹ホールディングス　額田純嗣 *Junji Nukada*

1979年大阪府生まれ。早稲田大学卒業。2002年伊勢丹（現三越伊勢丹）に入社し、仕入れ・陳列・販売・CRM・人的管理・企画・店作り等百貨店のマーチャンダイジング業務全般を経験。2019年より2年間三越伊勢丹グループのマーチャンダイジング企画部長。現職は既存事業の構造改革、及び新規事業創出を担当する事業企画推進部長。

「やります！　できます！」と背伸びして主演をはりたい気持ちは、私もよくわかります。ですが、そこで自分をすぐに出すのでなく、その場その場で本当に求められていることが主役としての振る舞いなのか、脇役としての振る舞いなのかを見極めることが重要です。

もし主役をはるほどの知識や経験が足りないのであれば、引き下がって脇役としての務めを果たしつつ、レベルアップの機会を探る。これがファーストステップだと思います。

そのための具体的な行動としておすすめしたいのが、とても簡単に言うと、知っているふりをしないこと。**すなわち知らないことに出くわしたときに、サッと脇役の立場へと切り替えることです。**

たとえば上司が話しているときに、すぐに「そうですよね」と相槌を打つ人はかなり多くお見受けします。これを、「え、そうなんですか」と言うと、上司は「これは……」と説明をしはじめてくれることが多いと思います。

これは上司に気持ちよく話してもらうために、知っていることでも知らないふりをしてご機嫌をとるということではありません。本当に上司が伝えたいところまで理解しているのか、というところがポイントです。

特に優秀な方は虚栄心からか、「そうですよね」が口癖になりがちですが、そうすると上司はその先を説明してくれなくなります。実はあなたが理解しているのは10のうち3までで、上司が求めているのは7かもしれません。そうやって本質のところまで聞かずに業務を進めてしまい的を外してしまう、そんなケースも少なくありません。

## ステップ2 主役の心意気

ステップ1が脇役として引くときの心得だとすると、主役として前に出るときに必要になるものとは何でしょうか。

それは、脇役のときとは一転して、**「できる／できない」は度外視し、その役を演じきる、という心意気**です。

私自身もそうでしたが、新規事業を創っていく際には、自分も、そして会社も知らない領域に入っていくということに他なりません。そんなとき、「その仕事、自分にはできません」といった態度をとっていては、事業は進みませんし、他の役者もついてきません。

そんなときに参考になるのもまた、俳優です。

俳優の方々は、ドラマや映画ごとに、その役について徹底的に研究し、恰好から歩き方まで身につけ、自分の役と敵対する役を分析します。医師の役をこなすときは、難解な医療用語まで覚え、オペの所作まで体得されています。そういった彼ら彼女らの姿に、私はいつも、強烈な自分ごと感と、強烈な全体把握力と部分把握力の合わせ技を見ています。

これを案件に照らして考えてみてください。一つひとつの案件に対して、しっかりアウトラインを押さえて、自分の役割を把握し、必要な情報を収集する。それぞれのタスクを俳優のように徹底的な探究心と、高い精度を持って行えているでしょうか。

さらに、これが主演俳優となれば自分を中心に動かすように徹底的に作り込む。要はその場その場で求められているものを演じきるというところに、企業人として学ぶべきものがあると強く感じます。

主役を任せられるということは、ポテンシャルがあるということ。だから、新規事業や新しいチャレンジの機会が与えられているのです。それゆえ、**主役をはるためには、徹底的に準備し、高い探究心を持って、その役をやりきる心意気が、何よりも重要になる**と思います。

## 演じっぱなしで終わらない。内省を習慣づけて「役の引き出し」を増やす

私はお風呂に入って、頭を洗っているときに内省する習慣があります。洗髪中は、手もふさがっているし、シャワーで音も聞こえにくいため、やれることといったら頭の中で考えることくらいしかない。いつしか洗髪中に内省する癖がつきました。

この間、「ああ言えばよかった。こう言えばよかった」とか、「次に同じことがありそうだからこの部分を勉強しよう」と振り返るのですが、意外とこういった内省時間をとっていてよかったと感じることが多くあります。

確かにまったく同じ場面に出くわすことは少ないかもしれませんが、似たようなことが起こったときにとっさに反応できるかどうかは、この日々の内省にかかっています。演技でも、とっさのアドリブに実力が見えたりしますよね。

**この内省は反省ではなく、もっと喜ばせるためにはどうすればいいか、といったポジティブなこと、未来のことを考えることを指します。**そうやって自分の中で整理して、次回に向けて探究していくことで成長の伸びしろを感じられ、モチベーションも維持される効果があります。

場面に応じた演じ分け、そして演じた内容のリフレクションを通して、「引き出し」を増やしていけば、チャンスを確実にものにしていくことができます。

## SUMMARY

**新しいチャレンジへの切符をつかむには、今自分が演じるべきは「主役」なのか「脇役」なのかを見極めることが近道。経験を内省で深めて実力を磨こう。**

周りの「助けて！ やりたい！ 知りたい！」に
ギブで応える

HACK THE BIG COMPANY

# 31

凸版印刷
藤﨑千尋 Chihiro Fujisaki

# 世話好き人財になろう！

自分だけが冷遇されているように感じたり、自分にはできることがないと自信喪失したりするような経験は、多かれ少なかれみなさんあるのではないでしょうか。

「このプロジェクトがやりたいのに……」「この部署を希望しているのに……」と、**満たされないことに目を向けがちですが、いったん周りを見回して、他の人がどんなギブを求めているか観察してみてください。**それはあなたがすぐに渡せるギブかもしれません。

## やりたいことがわからない。けど、お世話はできる

私は今でこそ、希望していたプロジェクトに参画したり、社団法人を立ち上げたりと、活発に活動していますが、入社してからしばらくは「やりたいことがわからない」という状況でした。多忙で体調を崩したり、異動で職種も勤務地も変わったりしたときに、正直なところ仕事にやりがいを感じられないことがありました。

凸版印刷　藤﨑千尋 Chihiro Fujisaki

2004年に凸版印刷入社。技術開発部門にて包装資材の商品開発に従事した後、戦略部門に異動し14年間、営業企画・販売促進・VISION策定・組織開発など未来デザインのプロジェクトを推進。現在R&D部門にてデータプライバシー基盤開発やデータガバナンス構築を担当。2020年、一般社団法人PrivacybyDesingLabを設立し理事を務める。ONE JAPANでは意識調査プロジェクトに参画。

そんなときに上司から、「これやってくれない？」と頼まれごとをされたんです。それはちょっとしたシステムの使い方だったり、自分が持っているツールを利用すれば解決することだったり、私にとってはそれほど無理なくできるような内容でした。

そうやって手伝いをしているうちに、今度は上司がいろいろな人脈をつないでくれたり、私の悩みに寄り添って具体的なアドバイスをくれたり、さまざまなことをギブしてくれました。その上司は、お手伝いの見返りとしてサポートしてくれたわけではなく、本当にギブのあふれる人。当たり前のように助けてくれるし、素直に頼ってくれる人なんです。

**この経験から学んだのが、ギブしてほしいと言う前に自分からギブする「お世話好き」になること。**周りで何かやりたいと思っている人がいたら、進んで自分ができることを提供するよう心がけるようになりました。

この技のすごいところは、私のように「やりたいことがわからない」状態でも使えるということです。たとえばＩＴまわりが苦手な上司を手伝ってあげるとか、担当者を知っているからつなぐとか、貢献できるシーンはいくつもあります。

そうしてギブしていると、いざ自分が何かやりたいと思ったときに、相談に乗ってくれたりサポートしてくれる人が出てきたりします。私が地方から東京に異動希望を出したときも、陰ながらサポートしてくれたのは前述の上司を含むたくさんの方々でした。

## やりたいことも助けてほしいことも、発信してこそ

**自分のやりたいことが見えていれば、今度はそのことを周囲に発信することが大切です。「こんなことがやりたいから、助けてほしい」と伝えてみてほしいのです。**

それまで自分が「お世話する側」だったからわかりますが、「お世話したい人」は意外といます。日頃から自分の思いを周囲に相談してみたり、社内SNSで発信してみたりしていると、世話好きおじさん、おばさんはきっと現れます。

たとえば、私自身はそれほど先陣を切って活動するようなタイプではないのですが、「一人ひとりが尊重される世の中づくりに貢献したい」という思いを周囲に伝えていました。そうするうちにいろいろな情報や機会をもらい、みんなに助けられながら、興味あるテー

マのプロジェクト参画や、自分の感性が活かせる仕事へのアサインなど、多くのチャンスを得ることができました。社団法人の立ち上げや活動もその結果の1つです。

おそらく私が「やりたい」だけを主張していたら、周囲はあまり聞いてくれなかったと思います。自分が手助けしてほしいことと、相手が困っていることを交換しているような感じと言いますか、お互いに共感しているから気持ちよく支えあえるようなチームになっていったという感覚です。

## 「手伝えることはある？」の一言が生む、安心感と成果

**この技のもう1つすごいところは、世話好きが伝播《でんぱ》していくことです。**

社内を見渡してつらそうにしている同僚、特に後輩がいたら、「何か手伝えることはある？」と声をかけてみてください。声をかけられた瞬間は本当につらい状態にあって、実際に手助けできることは限られているかもしれません。でも「話なら聞くよ」とか「こんなイベントがあるよ」などのちょっとした声がけでも、悩んでいる本人は少しほっとするでしょう。

この安心感は経験として残り、その本人に後輩ができたときに同じような声がけができるかもしれません。また、今度は具体的に「こんなことを助けてほしい」と甘えてきてくれることもあるでしょう。

私が実際に経験したことですが、プロジェクトで一緒になった若手がいて、いろいろとサポートしていたことがあります。すると彼女がリーダーになって後輩を持つようになったときに、「後輩の困りごとを助けたいので、手伝ってくれませんか」とか、「後輩たちと一緒にランチをして話をしてあげてくれませんか」と言ってきてくれたのです。

これは世話好きをしてきた成果だと思います。彼女が世話好きになっているのはもちろんですが、人のお世話に甘えることもできるようになっているからです。

**やりたいことがある人の世話を焼く。自分にもやりたいことが見えてきたら、お世話してほしいと伝える。**そうしてお世話を循環させていくことで、社内に溜まりがちな不安や不満も少し和らいでいくかもしれません。

## SUMMARY

「やりたいことができない」と悩んでいるときこそ、周りに目を向けてみよう。困っている人に対してギブしつづけていくことで、「やりたいこと」を手助けしてくれる人はきっと現れます。

「新しいもの」は
会社の中にこそ眠っている

# 「あるもの探し」で原石発見！

HACK THE BIG COMPANY

32

東京海上
寺﨑夕夏 Yuka Terasaki
今福貴子 Atsuko Imafuku
林嵩大 Takahiro Hayashi

会社を変えたいと思って活動しようとすると、すぐに新しいものに飛びつきたくなります。自分たちが新しく作り出したという実績がほしいという気持ちはとてもよくわかりますが、歴史が長い会社であればあるほど、いいものはすでに先人が作っています。

私たち、若手有志団体「Ｔｉｂ（ティブ）」でも、東京海上という歴史ある企業にあった既存の取り組みや制度に気づき、その素晴らしさを体感することが何度もありました。**問題は、その存在が若手に届いていないこと、内容がアップデートされていないことでした。**

## こんな面白い取り組みがあったなんて！ 認知されていなかった留職制度

人事研修や制度などの中には、取り組みとしては素晴らしいにもかかわらず社内であまり知られていないものがあります。たとえば留職制度。グローバルな視点を身につけるために、若手社員を一定期間、主に新興国などのＮＰＯや

東京海上　寺﨑夕夏 *Yuka Terasaki*

1992年千葉県生まれ。国際教養大学国際教養学部卒業。2015年東京海上日動入社。商社・物流業界の法人営業を経て、2018年より東京海上ホールディングスのデジタル戦略立案や新規事業立ち上げに従事。2018年11月に社内の若手有志団体「Tib」を発起人として立ち上げ。

社会的企業に派遣する制度です。この制度によって、グローバルな視点を身につけ、自社の知見を社会課題の解決につなげることができるようになったりします。

しかし、このような制度があることを、実際には知らない社員も多くいます。そんなとき実際に留職を経験した社員の方がＴｉｂのＳＮＳを見て、何かコラボしてＰＲ活動ができないかと相談がありました。

そこでＴｉｂと、留職プログラムを運営している特定非営利活動法人クロスフィールズ、そして留職経験者が共同でイベントを開催しました。結果として参加者は１００人を超え、「留職制度に応募したい」という人も複数人現れました。

**私たちが開催したイベントの特徴としては、会社主催でなく「有志団体」という看板を前面に出して気軽さを演出し、登壇者がざっくばらんにディスカッションするようなカジュアルな形式にしたことにあります。**「留職によって、フラットに転職についても考える瞬間があり、改めて自身のキャリアを見つめ

東京海上 | 今福貴子 *Atsuko Imafuku*

1990年熊本県生まれ。東京大学大学院農学生命科学研究科修了。2015年東京海上日動入社。入社以降、企業商品業務部・企業新種グループにて新種保険開発を担当。社内の有志団体「Tib」の立ち上げ期からのメンバー。Tib内では広報事務局を務める。

直す機会になった」というような、会社主導のイベントでは言いづらいような経験者の本音も引き出せました。登壇者にとっては経験を語るいい機会になり、参加者にとっては自分のキャリアを広げる場を提供できたのではないかと思います。

## 既存の取り組みをアップデート

他にも既存のものをリバイバルした事例があります。

Ｔｉｂで「メンバー同士をもっと知ろう」と実施した「価値観ババ抜き」というワークショップ。このイベントを知った人事企画部の社員から、実は人事で類似したコンテンツを用意しているけれどまだリリースしたばかりであまり認知されていない、Ｔｉｂのように楽しそうな雰囲気で社内にアピールできないか、と相談がありました。

そこで、発信や資料をもっとビジュアル重視なものにしたり、内容もより楽しめるような工夫を入れたりして、Ｔｉｂふうにアレンジしました。実際に名古屋の営業所から声がかかり、Ｔｉｂメンバーが東京から出向いてその取り組

東京海上 林嵩大 Takahiro Hayashi

1993年大阪府生まれ。慶應義塾大学経済学部卒業。2016年東京海上日動入社。企業商品業務部・保有企画グループを経て、現在の企業商品業務部・企業新種グループ。2018年11月に社内の有志団体「Tib」に加入。立ち上げ時からの参加メンバーとして、Tib内では企画事務局に所属。

みを開催した、という実績もできました。

留職制度にしても人事コンテンツにしても、実は若手が求めている取り組みや制度というものは、企業にすでに存在しています。ですが、会社のPRがうまく届いていなかったり、PRの内容が不十分だったりすることで、若手が知らない、理解できていないということが往々にしてあります。

また、業務として長く担当していると、各種研修や制度のPR内容が画一的になってきてしまい、若手が求める情報との間に乖離《かいり》が生じ、若手には刺さらない内容になることがあります。担当として各種制度やコンテンツのよさ・意義は理解しつつも、実際に今どのように求められているのか不安に思っているところもあるのではないかと思います。

## 会社の中にすでにある「新しいこと」を掘り出そう

**新しいものだけにこだわるのではなくて、近くにあるいいものを掘り出して、自分たちの言葉で言い換えて、若手が「欲しい！」と思う状態に磨き直して提供する。**自分たちが知らない原石が眠っているかもしれないという思いで、まずは会社のことをよく観察してみることからスタートすることをおすすめします。

もう1つ有志団体がやる意味として重視したいのが、自分たちが心の底から価値を見出し、楽しんでやれるものなのかということ。会社から期待されるのは嬉しいことなので、「一緒にできないか」と相談されると何とかしたいと思うこともあるでしょう。ただ、それが私たち自身にとって価値あるものなのか見極めることが大切です。留職制度も価値観ババ抜きも、「こんな楽しいことがあるなんて！」と自分たちの心が動いたからこそ、熱量の高いイベントを開催できたのです。

そのためにも、メンバーが何を求めて有志活動をしているのか、どのようなことに心が動くのか、お互いに把握していることが重要です。社内外から何か声がけがあったときに、「この案件はこの人に向いてそう」と具体的な個人のイメージが湧くかどうか、特に窓口担当の人は意識してみてください。

SUMMARY

新しいことは、必ずしも外にあるわけではありません。会社の中に眠っている「新しいこと」「面白い制度」を掘り起こし、時代に合わせてアップデートすることで、会社を変える取り組みが生まれることもあります。

組織風土に染まった心に
新鮮な気持ちを取り戻せ!

HACK THE BIG COMPANY

# 新入社員とのペアメンタリング

33

キリンHD
村岡桂 *Katsura Muraoka*

縦割り組織になりやすい大企業では、人間関係が特定のコミュニティで完結してしまうことも多いのではないでしょうか。他部署との関わりが少なかったり、事業所内で完結してしまったりするとどうしても視野が狭まり、社員は徐々にその組織の風土や考え方に染まっていきます。

しかし、部署・年齢を超えて互いに刺激しあい、新たな視点を得る方法があります。それが、**「部署を超えた新入社員とのペアメンタリング」**という方法です。

ここでは、有志団体「キリンアカデミア」で実施した事例をもとに、取り組み内容とその効果を紹介します。

## 縦割り組織の課題解決策として始めた「メンタリング企画」

部署やグループ会社が多い企業では、各部署の業務内容、さらにはそもそもどんな部署が存在しているかが把握しづらく「キャリアパスを描けない」という悩みや「希望部署の仕事をもっと知りたい」という新入社員の声をよく聞き

キリンHD　村岡桂 *Katsura Muraoka*

1991年東京都生まれ。慶應義塾大学法学部政治学科卒業。2015年キリンHDに入社。キリンビバレッジ東北支社営業担当を経て現在のキリンHDコーポレートコミュニケーション部。本業務と並行し、業務外有志活動として2019年より約2年間「キリンアカデミア」の運営を担う。

ます。一方で若手中堅社員も入社して数年経つと徐々に自組織の風土に馴染み、入社した頃の新鮮な気持ちや希望を忘れて目の前の仕事のみに没頭してしまうことがあります。

「キリンアカデミア」運営メンバーは自分たち自身を振り返り、このような状況に課題意識を持っていました。その解決策として「キリンアカデミア」から、所属部署が異なる新入社員と若手中堅社員のペアでメンタリングしてもらうという企画を立案。視野も経験も異なる二者がコミュニケーションをとることで、お互いの課題を解決できるのではないかと考えたのです。

まずは入社式で新入社員向けにこの活動をアナウンスし、先輩とのメンタリング希望者を募集しました。新入社員には、どのような先輩社員にメンタリングしてほしいかの希望を添えて応募してもらうことで、「キリンアカデミア」運営メンバーがメンターを選定します。ペアができたら、Slackを使って随時運営側ともコミュニケーションをとりながら、対面もしくはオンラインでメンタリング活動を1年間実施してもらうというのが、この企画の大まかな流れです。

**あえて有志活動として実施していることで、ペアを組んだ新入社員と若手中堅社員は、義務感を負うことなく気軽な気持ちでメンタリング活動を進められます。**その反面、最後まで活動を続けられず、十分なメンタリング効果を得られないまま解消するペアが生まれることもあります。この点は、事務局がヒアリングを行いながら改善に努めました。2019年は10組のメンタリングペアが参加しましたが、2020年には35組へと一気に増加。より参加しやすく、かつ継続しやすい形に変えていくことで、徐々に社内認知も広がっていると感じます。

## メンター・メンティー両者に「働きやすさ」を提供

ペアメンタリング活動を2年続けた結果、若手中堅社員と新入社員の双方にポジティブな効果が見られました。

まず若手中堅社員は、ペアの新入社員からさまざまな質問を受けることで、会社についてまだまだ知らないことがあると気づかされる機会になったと言います。会社の方針や事業内容について質問されて初めて自分の言葉で説明できるかどうかに気づく。回答するために自ら調べて勉強することで、新たな知識が身についていきます。

また、入社したばかりの新入社員は「もっともお客様に近い存在」と考えられるので、外から見た自社の弱み・強みを把握することにもつながります。加えて、働き方に対する価値観が大きく変化している今、新入社員たちと話すことで働き方そのものへの新たな視点を得られた、という声も聞かれました。

もちろん、この活動は新入社員にもメリットをもたらしています。同期や近しい部署の人としかつながりを持てない新入社員でも、メンタリングに参加することで他部署とのつながりを得られます。入社後すぐに幅広い人脈が作れるのは、今後の会社人生において大きなメリットです。またナナメのつながりでペアを作るようにしているため、評価や職場の人間関係を気にせず本音で悩み相談ができます。メンタリングによって仕事や働き方へのヒントを得られたという声もありました。

私たち「キリンアカデミア」が実施しているペアメンタリングの活動は、始めて3年目ということもあり、定量的な成果はまだ得られていません。コミュニケーションの方法や声がけ、メンタリング頻度など、まだまだ改善すべきポイントがあります。ただ、全社員が生き生きと働けるよう、この活動は継続したいと考えています。今後は社外とのクロスメンタリングも計画しており、活動の幅をさらに広げていく予定です。

**新入社員とのペアメンタリング活動は、メンターからアドバイスをもらえる新入社員だけでなく、中堅社員にとっても「新鮮な視点を手に入れられる」「自分自身の勉強になる」**

**というメリットがあります。**自組織に染まることへ危機感を覚えている人や視野の狭まりに悩んでいる人は、ぜひ自社で応用してみてください。制度として導入することができなくても、ナナメの関係や新入社員との接点を作れば、個人としても使える考え方だと思います。

きっと新鮮な気持ちを取り戻し、明日からの仕事の活力になるはずです。

SUMMARY

**「縦割り組織で自部署に染まってしまっているかも」という危機感を覚えているなら、入社して日の浅い新入社員や、縦割りの外のナナメの関係で相談しあえる人間関係を作ってみましょう。**

「アルムナイ」の最大成功事例は
この技から生まれた

HACK THE BIG COMPANY

# 34

ONE JAPAN共同発起人・共同代表／
元・パナソニック
濱松誠 Makoto Hamamatsu

# ボトムから始める社内文化醸成

大企業には、社内至上主義や縦割りゆえのサイロ化など、多かれ少なかれ特有の空気感が漂っています。退職者を「裏切り者」と捉える風潮も、その1つではないでしょうか。

このような社内の空気や文化は、一朝一夕に変えられるものではありません。特に、ボトムから変化を起こすのは非常に困難です。会社の文化はやはりトップによって決まるものが大きい。トップが変わったことで文化が一新された話はあっても、ボトムからの突き上げで変わった、という話はあまり聞いたことがありません。

では、ボトムから社内文化を変えることは本当に不可能なのでしょうか。私は「できる」と思っています。それは決して簡単な道のりではありませんが、**「若手だから無理だ」と諦めてほしくないのです。**

実際に私も、パナソニック時代に社内文化の変化を感じた経験があります。もちろん、私ひとりの力で変えたわけではありません。ボトムを起点としてトップ層へアプローチして少しずつ文化を醸成し、最終的にトップダウンによる変化を作り出したのです。

ONE JAPAN／元・パナソニック　濱松誠 *Makoto Hamamatsu*

1982年京都府生まれ。2006年パナソニック入社。薄型TVのマーケティング、本社人事、ベンチャー出向等を経て、2018年同社を退職。本業の傍ら、2012年有志の会「One Panasonic」を、2016年「ONE JAPAN」を立ち上げ、現在は共同代表。2019年夫婦で約1年間の世界一周。日経ビジネス「2017年 次代をつくる100人」に選出。

## 有志のアルムナイ交流会から、アルムナイ役員誕生へ

最近でこそ「アルムナイ（＝企業の卒業生）」という言葉が広まり、中途で辞めた退職者とつながりを持つ大企業も増えてきました。アルムナイネットワーキングに特化したサービスも生まれています。しかしほんの数年前までは、退職したらそれっきり連絡がつかなくなることが当たり前。ましてや、辞めた会社に再び入社する「出戻り」なんて、考えられなかったと思います。

私がパナソニックに入社して数年が経ち、人事を担当していた頃、「優秀な人が辞めてしまってもったいない」と思う一方で、社内には「辞めた人は裏切り者」と考える風潮も一部漂っていました。しかし外資系企業やベンチャーの場合、アルムナイとつながって一緒に仕事をすることは一般的。出戻りするケースもある。日本にアルムナイ活用の流れが生まれはじめていたことも重なり、「これは社内の文化を変えなければならない」「いや、絶対に変えるべきだ」という強い想いが芽生えました。

同時に、「自分ひとりの力ではどうにもならない」「トップから変えていく必要がある」

とも感じました。社内の空気は、よくも悪くもトップの考えに左右されるからです。

そんな中、外資系コンサルティング企業に勤める知人がＳＮＳに載せたアルムナイネットワークイベントの投稿を発見。興味を抱いていたタイミングだったため、どのように開催されているのか、イベント運営のコツなどを個人的に教えてもらいました。そしてパナソニックにも取り入れようと、アルムナイ交流会を企画。

もともと私は、２０１２年に「One Panasonic」という社内有志団体を立ち上げ、多くの若手中堅社員やミドル社員を巻き込んだ活動をしていました。おかげで社内のタテ・ヨコ・ナナメをつなげることができましたし、活動を通してトップ層とも近い関係を築けていたのです。トップ層を含めた社内の方々からは、「濱松がやることは、変わっているけど面白い」とよくも悪くも認識してもらえていたと思います。

そのためアルムナイ交流会には、卒業生だけでなく、経営幹部にも声をかけ、実際に参加してもらうことに成功。また、日本マイクロソフト社長（当時）の樋口泰行さんや、サイボウズ社長の青野慶久さんなど、他社で経営層として活躍している卒業生にも交流会に来ていただき、スピーチをしてもらうこともできたのです。
One Panasonic主催で実施したアルムナイ交流会は好評を博し、その後も継続して開催。初回は都合がつかず不参加だった社長も2回目には参加してくださるなど、少しずつトップ層を巻き込んでいきました。

一度辞めた社員が会社に戻ってくる「出戻り」が実現したのは、2017年のこと。前述の樋口泰行さんが、代表取締役専務執行役員としてパナソニックに戻ってくださることになったのです。

この出来事は、社内の空気を一気に変えました。「辞めた人は裏切り者ではない」「出戻り採用も行う会社である」というトップのメッセージが、社内に伝わったのだと思います。その後もアルムナイの中途採用が続きました。**社員全員のマインドを変えることは難しくても、「終身雇用」から「終身信頼」へと、新たな文化を醸成する第一歩になったはずです。**

## ボトムから変化を引き起こす3つのポイント

アルムナイを役員に迎えたことでパナソニック社内に起こった変化は、運の要素が大きかったと思います。また、私自身が人事部に所属し、上司や先輩のサポートがあったからこそ、うまく物事を進められたのも事実です。

しかし私は、「若手であっても社内文化を醸成することはできる」と考えています。そのために必要なのは、次の3つのポイントです。

① 他の人がやらない面白いことを仲間とやりつづけ、実績を積み重ねる
② トップや経営幹部を巻き込む
③ 有志の活動を本業に還元する

1つ目は、私で言えばOne PanasonicやONE JAPANの立ち上げとその活動です。これまでも斬新な取り組みを進んで実行し、かつそれが面白いと思ってもらえた。取り組みについては賛否両論あったと思いますが、その積み重ねの結果、アルムナイ交流会もポジティブに受け止めてもらえたのだと考えています。

2つ目の「意思決定権者の巻き込み」は、社内を動かすための基本原則だと考えています。アルムナイ交流会の場合も、アルムナイだけを集めて交流する場にしていたら、社内

に変化は生まれなかったでしょう。社長や経営幹部を巻き込んだからこそ、トップダウンによって大きな一歩を踏み出せたのだと思います。

巻き込まれるトップ層にメリットがあるかどうかも大事な要素です。アルムナイ交流会は、会社を辞めた人の本音を聞ける貴重な場。優秀な人材を求めている企業であればなおのこと、交流会に参加することで「優秀な人材とのつながりを作っておける」メリットが生まれます。

そして、トップ層や社内を巻き込み信頼を得るうえでカギとなるのが、3つ目の「本業への還元」です。新しいことをやろうとすると「会社」という性質上、どうしてもリスクを考え、躊躇しがちです。だからこそまず有志から始めて、小さな実績を積み重ねる。先ほどのアルムナイの事例もそうですが、**その取り組みや成果が会社の本業へ還元できているか、ボトムの取り組みと会社が目指すところの重なりを意識して活動することが重要です。**

ONE JAPANの活動は、現時点では若手中堅によるものが中心です。もちろん、その姿勢は大切だと思っています。しかし大企業には、ボトムアップだけでは解決できない課題があるのも事実です。特に、社内の空気を変えるといった大きな動きには、トップダウンやミドルマネジメントによる変化が欠かせません。

私がお伝えした手法は、数年にわたる積み重ねが肝となってきます。想いをすぐに実現できず、苦しい日々が続くかもしれません。**それでも、その会社が好きで会社を変え、社員や社会を変えたいと思っているのなら、めげずにやり抜いてほしい。**

ボトムからでも会社は変えられる――その実績を多くの企業で作れたら、きっと日本全体が変わっていくのではないかと、私は信じています。


SUMMARY

**信頼と実績を積み重ね、本業への還元を意識し、トップを巻き込む力をつける。この3点を極めれば、ボトムから会社を変えることも不可能ではありません。**

退職者とのつながりが
会社の価値を高め、誇りを取り戻す

# シャケムナイネットワーク

HACK THE BIG COMPANY

35

日揮
高野俊行 *Toshiyuki Takano*

この会社が嫌いなわけではない——そう思いながらも、よりよい条件や成長の場を求めて退職する人は少なくありません。どれだけ優秀な人であっても、退職したら会社とのつながりはそこで途絶えてしまうことがほとんど。特に大企業の場合、会社を辞める人に対してネガティブな感情を抱く人も多く、その後の関係は希薄になりがちです。

しかし本人が会社に不満ばかりを抱いていないのならば、退職後も会社とつながりつづけ、再入社することがあってもいいのではないでしょうか。会社に戻らずとも、ビジネスパートナーとして協業するなど、退職者と会社の両方にとってよりよい道があるはずです。

**大海に出た鮭（シャケ）が生まれた川に帰ってくるように、アルムナイ（＝退職者）も、一度外に出て広い世界を知り、さまざまな形で再び元の会社へ戻ってくる。**そのような機会を作ることのできるアルムナイコミュニティ、いわば「シャケムナイ」。そのままコミュニティの名前にしてもよかったのですが、日揮の英語名をもとにJGC-Connectedという名称でコミュニティを立ち上げま


日揮 | 高野俊行 *Toshiyuki Takano*

1980年広島県出身。慶応義塾大学大学院理工学研究科修了。2006年日揮入社。プロジェクトエンジニアとして、マレーシア・カタールにおけるガスプラント建設に携わった後に、米国子会社立ち上げ要員としてヒューストン駐在。帰国後に社内DX推進チームリーダーを経て、現在は新規事業開発に従事。社内有志団体「JGC 3.0」幹事として、ONE JAPANに参加。

した。

## アルムナイコミュニティは、退職者と会社の双方にメリットをもたらす

日揮には魅力的な社員が多く所属しています。一つひとつのプロジェクトが壮大なため、決して楽な業務ではないものの、完成すればそこには大きな感動が生まれます。苦楽をともにした社員同士は、まるで家族のような間柄になります。

それでも、退職のハードルは以前に比べて下がっています。そして、退職理由のほとんどは「新しいことに挑戦したい」「自分がどこまで通用するか試してみたい」など、ポジティブなものばかり。出戻りに対して、もともと寛容である社風にもかかわらず、そのような理由で社員が退職し、つながりがなくなってしまうことに対し、私たちはもったいなさを感じていました。

**人材の流動性が高まるのは仕方ない世界だとしても、せめて日揮で働いている人、働いていた人のネットワークをポジティブに広げていきたい。社外に出て改めて、日揮に対す**

**る新たな気づきもあるだろうし、日揮の風土・文化とは何か、浮き彫りになることもあるのではないかと考えました。**

そこで、同じ考えを持つ同僚とともに、アルムナイコミュニティの立ち上げを企画。退職者とのゆるやかなつながりをいかに結んでいくかに課題を感じていた人事部も、この企画に共感してくれました。そのため、コミュニティプラットフォームの使用料など運営にかかる費用は、人事部から予算を捻出。

ただし、「会社が退職を推奨している」といった声が出てこぬよう、運営は企画した私たちが有志で行うことになりました。

まず手始めに、会社の創業記念日にアルムナイを集めたパーティーを開催。ここにはCHRO（最高人事責任者）や人事部長なども参加してくれて、アルムナイとの交流を深めました。このイベントで、人事部の面々にアルムナイコミュニティの価値を実感してもらうことができ、その後、コミュニティ運営の公式プラットフォームを立ち上げる際も大変前向きに協力してもらうに至りました。

アルムナイコミュニティを作ったことで、会社側とアルムナイ側、双方によい変化が生まれました。まず、日揮のことをよく知ったうえで、外から見た日揮を語れるアルムナイの声は社内の人間にとって大変貴重なものです。さらに、日揮はもともと、多くのビジネスパートナーと手を組んで仕事を進めるスタイル。そのため、アルムナイが現在所属している企業と手を組みやすくなったのです。また、外に出たアルムナイの新鮮な視点が、新規事業のヒントになったこともあります。

アルムナイ側は、日揮とつながりを保てることで、高い技術力や潤沢なリソースを活用した協業が可能です。実際に、アルムナイからの協業の相談も受けています。

「日揮で当たり前だったスキルが、世の中ではハイレベルだったのだと実感した」というアルムナイの声も聞きます。このような話を受け、私自身もさらに会社と自分に自信を持って働けるようになりました。

## 「元・日揮」がタグとなり、互いに尊敬しあえる社会へ

アルムナイコミュニティは3年ほど続けていますが、実はまだ運営メンバーと人事部、

そして会社を辞めた人にしか共有していません。アルムナイとつながることで社外への憧れだけを与えてしまい、退職者が増えてしまうのは不本意だからです。

しかし本来は、社外の情報を隠す必要もありませんし、社外に出ることのメリット・デメリットを知ったうえで働くことも大切です。いずれは適切な形で社内とアルムナイを接続したいと考えています。

アルムナイのネットワークが構築されていない企業も多いと思います。**もしこれからアルムナイとのつながりを作るならば、まずは自分自身が社内の信頼を獲得しなければなりません**。そのためには、本業をしっかり遂行して実績を作ることが大切です。

もし入社年数が浅く、まだ実績が作れていない場合は、社内で信頼されている人の力を借りる方法があります。信頼が厚い人を味方につけて、意思決定権を持つ人たちを順に説得していく。この方法は、「実現したい」という強い意志を持っている人なら誰でも応用できると思います。

アルムナイとのつながりを作った先に、会社をタグとして活用する世の中を作る——それが私たちの野望です。日揮（JGC）退職者には、"JGC-X"として外に出ることで日揮の強みを再認識し、「日揮で働いていた」ということに誇りを持って活躍してもらいたい。社員には、日揮を卒業したJGC-Xの活躍を見て、「社外でも通用する力がつけられる」という事実に誇りを持ってもらいたい。**所属する会社が変わっても、お互いにリスペクトしあえる関係が理想です。**

そのような社会を作っていくためにも、アルムナイコミュニティを立ち上げて活用する企業が増えてほしいと思います。

## SUMMARY

**退職者とのつながりを維持し、会社にも退職者にもメリットを提供するためには「アルムナイコミュニティ」づくりが有効。コミュニティ立ち上げには、強い意志と社内の信頼が重要です。**

意に沿わない会社の意思決定を
ひっくり返す2つの戦術

# オセロ&デュエル

HACK THE BIG COMPANY

36

SpoLive Interactive／
NTTコミュニケーションズ
岩田裕平 Yuhey Iwata

社内で新規事業開発や組織の課題解消に向けた提案をしても、何かしらの障壁によって自分の意志を通せない――組織に所属していると、少なからずそのような場面が出てきます。

もしくは、CDP（キャリアデベロップメントプログラム）によって意に沿わないキャリアを提示され、直属の上司に訴えても希望が叶えられないケースもあるでしょう。人事や上司に悪気はなく、善意の押しつけをされてしまうケースもあります。

しかし、それは本人の意志とは乖離があることは少なくありません。自分の意志を通したくても通せないとき、「会社員だから仕方ない」と諦めたり、意見せずに会社を辞めたりする選択肢もあります。**しかし、希望して入った会社で実現したいことがあるのなら、「会社と対話する」「会社の気持ちになって意志を実現する」選択肢もあるのです。**

意志を通す選択肢を知らないままに諦めてしまうのはもったいない。とことん対話して、それでもダメだったときに、別の道を選べばいいのではないでしょうか。

SpoLive Interactive／NTTコミュニケーションズ　岩田裕平 *Yuhey Iwata*

SpoLive Interactive株式会社CEO。東京理科大経営学部アドバイザリーボード。2013年理学研究科修了。NTTコミュニケーションズ入社後エンジニア兼UXデザイナーとしてAIのR&D等に従事。2017年よりデザイン経営やスタートアップ協業を推進。2020年新事業専門管理職として再入社、同年SpoLiveを起業し出向。人間中心設計専門家。

## 2つのステップで自分の意見を通す

私はもともと「自分の意見は伝えるべきだ」と考えているため、常に周囲へ意見を発信するようにしてきました。それでも、もちろんすべての意見が通るわけはなく、入社数年間は「どうしても通したい」という意見であっても、意思決定者に却下されてしまうことがありました。

会社側の都合を理解し、諦める道もあったと思います。しかし私には、この会社で成し遂げたいことがありました。やりたいことに対してしつこく粘る性格も加わって、諦めるとしても、自分にできることをすべて試してからにしようと考えていたのです。

私が実施したことは、大きく2つのステップがあります。まずは、個々の事案に対する意思決定者に直接かけあうことです。たとえば、直属の上司に自分の意向を伝えても聞き入れてもらえないなら、部長と話をする。それでもダメなら部門長、役員、社長……というように、訴える相手の階層を徐々に上げていきました。

極論ではありますが、会社の管理職というのは社長以外全員がミドル層と言えます。ミドル層の意思決定は、トップの意見によって覆《くつがえ》せる場合があります。それならば、自分の意見を聞き入れてもらえるまで階段を上るだけです。このように、**自分とトップの意見でミドル層を挟み、ミドルの意見をひっくり返す手法が「オセロ」です。**

また、一人ひとりとの対話の中で主張に納得してもらえない場合は、**2つ目のステップである「デュエル」**を実行します。これは、自分の進退をかけた説得術です。仮に自分に何か意見や成し遂げたいことがあり、会社のトップ層と話をしても納得してもらえないなら、本当にその会社にいつづける必要があるのでしょうか。そういった意味も込めて、退職を前提とした話し合いをするという手段があります。

もちろん、一方的に意見を伝えるだけでなく、「何が課題なのか」「どうすれば実現できるのか」「会社にとってのメリットは何か」を徹底的に深掘りして話しあいます。会社にとって前例のないことを望んでいるのであれば、他の社員も納得できる形にしなければなりません。その方法も一緒に話しあい、共犯関係になるのも1つの手段です。

私自身は「オセロ」と「デュエル」を使って、自分の意見と会社の都合をすり合わせ、もちろんすべての意見・提言・主張が通せるわけではありませんが、少なくともその深い理由などを知ることにより自分が納得できる形で働いてきました。そして、同じような方法で意見を通した社員は他にもいます。

もちろん、ここでお伝えしたやり方がすべてではありません。**重要なのは、自分の目的を達成するために手を尽くすことです。**

## 大義があるなら、会社にとってもよい取り組みになるはず

言葉にするのは簡単ですが、実際にこの技を使うには勇気が必要かもしれません。しかし、3つのポイントを押さえれば、誰にでも実践できる技だと考えています。

**1つ目のポイントは、社内のトップ層へ連絡するのに気負いすぎないことです。**組織が大きくなればなるほど、トップ層との距離が離れ、メール一通送るのにもためらいが生まれてしまいます。ですが経験上、トップ層ほど若手社員の話を聞きたいと考えてくれています。社員一人ひとりの自己実現なくして、いい会社は作れません。たとえ面識のない社員であっても、取り合ってくれる可能性が高いものです。ただし、あなたが今までの行動

の中で明らかに信頼を損ねてしまっている場合には別の作戦が必要になってくるため、あまり驕らないようにしましょう。

**2つ目は、会社にもメリットがある提案をすること。**部署異動を希望するとしても、「自分がその部署に異動することでこれだけパフォーマンスが上がる」「この部署で私が実現するプロジェクトが会社に利益をもたらす」など、高い視座で物事を考えなければなりません。会社としてメリットのある提案であれば、トップ層も納得してくれるはずです。組織やトップ層と会話をするためには、トップ層の目線で会話をする必要があります。経営に対する情報をしっかりインプットし、リーズナブルな提案をしましょう。

**3つ目に大事なポイントが、周りを巻き込むことです。**社内で叶えたいことがあるなら、味方になってくれる管理職を増やしましょう。たとえば異動したいのであれば、どの部署のどのチームで誰と働きたいのかを具体的に見つける。一緒に働きたい人が見つかったら、事前に根回しをしておく……といった具合に、あらかじめ協力者を巻き込んでおくと、異動を申し出てもスムーズに進められます。

「そこまでするのは会社にとって迷惑かもしれない」と不安に思うかもしれませんが、その希望が最終的に会社のためになるのであれば心配する必要はないと考えています。現在は私も一経営者ですが、経営者がやるべきことは社内のリソースを最適化して、アウトカムを出すことです。成果が明確であればやらない理由はありません。社内で実現したいことや希望する異動に大義があると信じているのなら、実現させるために手段は選ばないことです。

一度の訴えで意見が通ることはありません。断られても諦めず、しつこく訴えつづけることも重要です。**強い意志で自分の意見を通すことは、大企業に勤めるうえで大切なこと。**諦めて会社を辞めたり、会社に染まったりしてしまう前に、とことん戦ってみてください。望む道が拓ける可能性は、十分あります。

SUMMARY

**自分の意に沿わない上司の意思決定に対しては、諦めずにあらゆる手を尽くして納得してもらう。大義があると信じているなら、退職も辞さない覚悟でトップ層に訴えつづけることも大切。**

# 第 5 章

# 「壁打ち」できる場を作ろう!

5

挑戦・仮説検証不足

を変革するスキル8

自分が立ちたい「打席」に立ちつづけるために

# 社内マーケティングの思考法

HACK THE BIG COMPANY

37 凸版印刷
坂田卓也 Takuya Sakata

凸版印刷　坂田卓也 *Takuya Sakata*

1982年生まれ。青山学院大学卒業。ユニファ社外取締役。コンボ社外取締役。グロービス講師。凸版印刷入社後、事業部門にて、マーケティング支援に従事。2014年に経営企画部門に異動し、新事業開発を目的としたスタートアップ投資部門を設立。現在は、事業開発を加速させるために事業開発本部に異動し、20社を超えるスタートアップとの協業責任者に従事。

私は凸版印刷に新卒で入社し、営業企画部門でマーケティングや新事業支援などを担当してきました。現在は、新事業開発を目的としたオープンイノベーションに従事しており、20社以上のベンチャー企業を担当しています。

そんなキャリアについて話すとよく、「大企業にいて、どうしてそんなに打席に立って事業開発できているんですか」と質問を受けることがあります。MBAなどで経営手法を学んでも、打席に立つことができないと悩む人が多くいるようです。

ですが、私は特別なことをしているわけではありません。私がやってきたことといえば、**イノベーションを起こそうとする人に立ちはだかる2つの「関所」を、工夫して乗り越えてきたこと**に尽きます。

自分自身の挑戦と失敗の経験から体系化したものこそ、今回ご紹介する**「社内マーケティング」**です。大企業の中で打席に立つための方法論を形式知として身につけられれば、多くの打席に立つことは決して難しいことではありません。

## イノベーションに立ちはだかる、2つの関所

２００８年のリーマンショック、２０１１年の東日本大震災を経験したことで、私はその後のキャリアについて考えるようになりました。また、グロービス経営大学院に通ったことをきっかけに、経営の面白さに気づき、自分なりのキャリアプランを描くようになりました。

その後、上司とともに立ち上げたのが、オープンイノベーションの打ち手を連続的に構築するセクション。２０２１年現在、50社近いスタートアップ企業と資本業務提携を実現していますが、このうち20社を超えるスタートアップを私が担当し、チームメンバーのマネジメントをしています。

こうした経験により多くのイントラプレナーやベンチャー企業と接する中で、イノベーションを起こすときに2つの関所があると気づきました。

**1つは、たとえばイントラプレナーと上司、それぞれが見ているスタート地点が異なっ**

**ていること。**前者のイントラプレナーが「0→1」の新事業に挑戦しようとしていても、後者の上司は「10→100」の事業改善を求めていたりすると、両者はかみ合いません。

**2つ目の関所が、世にある形式知は管理職以上のリーダー向けのものしかないということです。**MBAですらプレーヤー視点の形式知が共有されることはほとんどなく、結果、新事業担当者はやりながら考えるしかない状態に置かれることがほとんどです。このことが、挑戦するにあたって二の足を踏ませてしまう原因となりがちです。

打席に立つということは、自身と上司をはじめとする社内の関係者の目線をすり合わせつつ、道なき道を進んでいくようなもの。ここに筋道を与えようとまとめたのが、社内マーケティングとなります。

## 社内マーケティングのための3つの心構え

**社内マーケティングとは、私の定義では「目的を達成し、成功が継続するために挑戦しつづける仕組みを社内で作ること」となります。**

このために必要なのは、アイデアの素晴らしさや革新性の前に、社内の意思決定のメカニズムを理解した適切な社内コミュニケーションプランの策定です。キーマンを動かせなければ、打席に立つという意思決定をしてもらうこともできませんし、投資についてゴーサインを出してもらうこともできません。

キーマンにアプローチする際、次のような勘違いをしてしまう人がとても多くいます。これらは、１つ目の関所に引っかかってしまう原因になります。

・交渉には勝ち負けがある
・上司は保守的だ

実際は、コミュニケーションや交渉は勝ち負けをつけるものではありません。いきなり本番に挑まずに根回しや改善をしていくことで向上していくものです。また、そもそも上司を味方にできない程度のプランの粒度では、意思決定のメカニズムが動くはずがありません。

では、キーマンを巻き込んで継続して打席に立つためにはどうすればいいのか。それを言語化した**「社内マーケティングの心構え」**がこの3点です。私は、こうして形式知化していくことで、２つ目の関所を越えてきました。

①当事者意識を持ってもらうために、コミュニケーションの量を大事にする
②上司を味方にするために、上司を経営者兼投資家として仮想化する
③自分のアクション・振る舞いは、３C（Challenge, Clever, Charming）を大事にする

また、上司の関心となる源泉とメカニズムの確認をすること、外圧や間接的なメッセージを利用することも、キーマンを動かすにあたってはとても有効です。

## 意外な極意と、社内マーケティングの効果を高める「最後のピース」

**私が社内マーケティングを説明するときに「極意」の1つとして挙げるのが、逆説的ですが、「撤退の基準」を設定することです。**

価値あるアイデアを持っていたとしても、土壌を間違えてしまっては花開くことはありません。どうしても筋の悪い「土壌」にいるなら、場所を変えて勝負する、という発想も重要です。

ただし、これとセットでよく問うのが、「100回チャレンジしたのか」ということです。これは別に根性論ではなく、スタートアップ企業において、投資を得ようと100人に会いにいって事業を説明するということは決して珍しいことではありません。しかしイントラプレナーの中には、1、2回の挑戦で心が折れてしまうという話もよく聞きます。

**つまり、撤退するまで100回やってみる、というくらいの基準を設けていなければ、その挑戦はまだ不十分、打席に立つためにまだやりようはあると言えるのです。**

最後に、社内マーケティングを突き詰めていく際に忘れてはいけないことを指摘しておきましょう。それは、支えあうメンバーの重要性です。私が多くのベンチャー企業を担当していると言っても決してひとりで成し得たことではありません。また、私がプレイングマネジャーとして背中を見せていることで後輩も鼓舞され、全体として成果が上がることもあります。

「早く行きたければひとりで行け　遠くまで行きたければみんなで行け」、との言葉がありますが、**社内マーケティングをするにあたっても、志やビジョンをともにする仲間がいることでさらに大きな成果につながるのは強調しておきたいポイントです。**

SUMMARY

「挑戦しろ」と言われても、そもそも打席に立てない——そんな悩みを抱えているならば、企業内のキーマンを動かすような社内マーケティングの手立てを講じてみよう。あなたが立ちたい打席は、１００回のトライの先にあるかもしれません。

誰も見たことのない「アイデア」に形を与えよ!

HACK THE BIG COMPANY

# 38

富士通
角岡幹篤 *Mikiatsu Sumioka*

# ハッカソンで最速！仮説検証

大企業においても、「新規事業創出」や「共創」「オープンイノベーション」といった言葉がいたるところで聞かれるようになりました。しかし、「新しいことをやろう」というフレーズがスローガンのように使われるものの、実行されずに終わるアイデアは数知れず――それが大企業の実情ではないでしょうか。

新規事業を進めたくてもなかなか実行フェーズに進まないと悩む方におすすめしたいのが「ハッカソン」です。

ハッカソンは、新しいことへの挑戦や事業の仮説検証のスピードを上げる最強の方法だと考えています。なぜなら、どんなアイデアもまずは形にしてみなくては評価の対象とならないからです。**特に大企業の場合、目に見えない状態で新しいアイデアを評価することはできません。そこで、強制的にアイデアを形に変え、アウトプットしていくハッカソンの出番というわけです。**

## 新規事業を実現に導いた「ハッカソン」

私は、株式会社富士通研究所（現・富士通株式会社）に入社後、無線LANやAR（拡張現実）などさまざまな新規事業に携わることになりました。ちょうど

富士通　角岡幹篤 *Mikiatsu Sumioka*

1981年兵庫県生まれ。京都大学大学院情報学研究科修了。2005年富士通研究所入社。無線IP電話、NGN、音声ARなど新規領域の研究開発を経て、2019年よりコミュニティ連動型マッチングサービス「Buddyup!」を社内提案、チームリーダーになる。ONE JAPANハッカソン分科会代表。

「Web 2.0」という言葉が出はじめ、会社としてもICT業界のトップランナーとして新たな価値を生み出したいと考えていた頃です。

新規事業のタネを見つけては、どうやって実現させるか模索する毎日。しかし、いずれも実用までこぎつけることができず、苦しい日々を送っていました。そんなときに出合ったのがハッカソンでした。社内の若手社員がシリコンバレー帰りの先輩社員から聞いた、ハッカソンという斬新な取り組み。私は「これしかない！」と、そこに希望の光を見出したのです。

**ハッカソンとは、あるテーマに対してエンジニアやデザイナーなどスキルを持った人たちがチームを作り、アイデアを出しあって形にするというイベントです。**アメリカで生まれたその手法は、イノベーションを起こすために用いられています。ハッカソンなら新規事業が前進するはず——そう考えた私は、さっそく社内でハッカソンイベントを開催することにしました。

ハッカソン当日の流れは、次の通りです。

①テーマに対するインスピレーショントーク
②使用する技術の紹介
③審査基準の発表
④アイデアをブラッシュアップするワーク
⑤取り組むアイデアの決定
⑥チームメンバーの決定
⑦課題のヒアリング・設計作業
⑧成果物のプレゼン、審査会

1日目に⑦まで進め、2日目はひたすら実装を行うイメージです。2日目の夕方にはプレゼンできるレベルまで仕上げていきます。設計作業は、テーマに対して課題感を持っている人へのヒアリングを繰り返し行うことで、本質的な課題解決が可能に。1〜2日で設計を終えることもあれば、資材集めのために2〜3週間の設計期間を設けることもあります。使用する技術も、参加者や協賛企業によってさまざまです。大企業のアセットを有効活用することで、高度な技術や大規模なデータが使用できる可能性もあります。

**何より、「最終的に何かしらの成果物が生まれる」点がハッカソンの優れたポイントです。**

アイデアは、形にして初めて他者から評価可能な状態になります。粗があっても、最低限の機能しか持っていなくてもいい。プロトタイプが生まれることで、ようやく検証ができるようになり、世に出せるサービスへとブラッシュアップしていけるのです。

ハッカソンは、私のキャリアにも変化をもたらしました。ハッカソンで行っていることを効率化すれば、アイデアを実行フェーズに移せる人が増えるかもしれない——そんなひらめきが生まれたのです。私自身もハッカソンの手法を取り入れながら、「Buddyup!」という人と人とをつなげるサービスを開発。これが会社の事業として認められ、今ではこの事業のリーダーとして協力者含め20人弱のチームを率いています。次の一手が見えず足踏みしていた私を、ハッカソンが変えてくれたのです。

## 「アイデアを形にする」ことがイノベーションへの最短ルート

「新しいことをやろう」と口にするだけでは、いつまで経っても企画段階止まりです。本当に新規事業を推し進めたかったら、まずは形にしなければなりません。

ハッカソンは短い期間でプロトタイプを仕上げるため、スピード感を持ってアイデアを形にできる点がメリットです。さらに、さまざまな分野のスペシャリストが参加してアイデアを出しあうので、彼らのベストプラクティスを間近で見ることができます。これは、最速でスキルを身につける効率的な方法でもあります。

**企業の中で新規事業のアイデアをプレゼンしても前に進まない大きな理由は、まだ世の中にないアイデアを「評価できないから」です。**厳しい言い方をすれば、誰もが既存事業で忙しい中、ゴールイメージの見えない企画に割く時間はないのです。何を売るのか、どのようなサービスになるのか。言葉だけの曖昧なものを具現化して初めて、企業としてコメントができるようになります。

新規事業を実現できず悩んでいたかつての私のような人には、まずハッカソンを試してほしいと思います。とにかくものを作ってみること。これが新規事業のカギです。作って振り返ってみて初めて、自分のアイデアに足りない部分や、改良すべき点が見えてきます。

社内ハッカソンを実施した私は、ハッカソンの素晴らしさを実感し、日本中に広めたいと考えました。そしてONE JAPANハッカソンを開催。日本中の大企業社員が集まるONE JAPANだからこそ、実現できるイノベーションがあると信じています。

トップダウンの方針は大勢の予測から導かれるため、逆に予測の範囲を超えられません。VUCAの時代と言われる今、予測を超えたイノベーションを実現するには、誰のアイデアでもいい、確信を持ったアイデアを拾い上げ、仮説検証を素早く繰り返すことが必要です。

「新規事業が一向に進まない」「そもそも進め方がわからない」と悩んでいるなら、ハッカソンに挑戦してみてください。**目に見える形にすれば、必ず誰かが意見をくれます。すべての事業は具体的なことから始まるのです。**

## SUMMARY

**どんな斬新なアイデアも、目に見える形にしなければ評価すらされません。形にする方法で迷うときは、ハッカソンを活用してアイデアの可能性をスピーディーに検証しよう。**

最初の一歩のハードルを劇的に下げる

# 「仮設テント」から始める期間限定チャレンジ

HACK THE BIG COMPANY

39


マッキャンエリクソン
吉富亮介 Ryosuke Yoshitomi

挑戦したいことがある、でも一歩踏み出せない——その不安はもしかして、「始めたことはずっと継続しなければならない」「必ず成功させなければならない」という気負いから生まれているのではないでしょうか。

たとえば、コミュニティ運営を始める場合も同じだと思います。企業の中で有志団体を立ち上げたいと考える人や、同じ目的の人たちを集めてコミュニティを作りたいと考える人は、今の時代、少なくないでしょう。しかし、「どうすれば参加者を増やせるか」「継続させるためには何が必要か」と悩んでしまい、動き出せなくなってしまう。

そのように、**挑戦したいけど一歩踏み出せない人におすすめしたいのが、「仮設テント」を立てる気持ちで始めること**です。イベントや災害時、一時的に設営されるテントのように、いつか終わるものとして考える。そうすれば、一歩踏み出すことは案外難しくないのではないかと考えています。

ここでは、私が運営した「バーチャル食堂」という取り組みを事例にお話しします。


マッキャンエリクソン　吉富亮介 *Ryosuke Yoshitomi*

1984年茨城県生まれ。東京工芸大学芸術学部卒業。2007年ネット専業広告代理店入社を経て2013年マッキャンエリクソン入社。広告クリエイティブの企画開発業務を経て現在は新規事業・製品開発の企画立案からアウトプット、プロモーションまでを一気通貫でサポートする組織「McCANN ALPHα」を立ち上げ、責任者を務める。2015年9月に社内の有志団体「McCANN MILLENNIALS」を立ち上げ、2016年よりONE JAPANに参加、現在は幹事を務める。

## バーチャル食堂でコロナ禍の孤食を救え！

お昼時、オンライン上で集まったメンバーと雑談しながら、パソコンの画面の前で食事をとれる場所として開設した「バーチャル食堂」。スタートは2020年4月。新型コロナウイルスの影響で緊急事態宣言が発令され、多くの企業がリモートワークに切り替えはじめた頃でした。

私自身もリモートワークへと働き方を変更。その結果、1日中家にいるので夫婦の会話が増え、食事も規則正しい時間にとれるようになりました。私はリモートワークの恩恵を受けていたと言えるでしょう。

しかしあるとき、SNSを覗いたところ、こんな書き込みを見つけたのです。

「今日はまだ誰とも会話をしていない」

「まだお昼ご飯を食べていない」（夕方の投稿）

リモートワーク生活を楽しんでいた私とは反対に、1日中ひとりきりで過ごし、食事のタイミングさえ見失っている若手社員。隣に質問できる先輩もいない環境で、慣れない仕事をしながらつらい思いを抱えている人たちがいるのだと、ハッとさせられたのです。

「若手社員がひとりで苦しんでいる状況を変えたい」

「リモートワーク下の孤食を何とかしたい」

そう思ったのが、バーチャル食堂開設のきっかけでした。たとえばランチタイムになったら声をかけあって社員食堂へ行くように、それぞれが別々の場所にいながらも、一緒に食事をして雑談できる場所を作ろうと考えたのです。

社内だけでなく社外の人も集まれば、そこから新しいつながりが生まれ、仕事でもプライベートでもシナジーが生み出せるのではないか……そんな思いもあり、ONE JAPANの運営メンバーと話しあって、会社の枠にとらわれない場を作ることにしました。

私は食堂内で話を振る役として、ONE JAPAN内のデジタルチームはオンライン会議ツールの設定やオペレーションを担う形で、得意なことを役割分担しながら運営体制を構築。

こうしてONE JAPANが開設したバーチャル食堂は、多くの方々に参加してもらえ、実施回数は約120回に上りました。「いろいろな人と話ができた」という声もいただき、精神的な孤食を減らせたのではないかと思います。

また副次効果として、他社の人と雑談したことから共創のアイデアが生まれたこともあります。バーチャル食堂の取り組みを知って、「自社でも取り組みたい」と開催までこぎつけた企業も出てきました。

## 終わりが見えているからがんばれるし楽しめる

バーチャル食堂は、1日平均5～6人、多いときは20人もの人が参加してくれるコミュニティとなり、結果的に多くの人に楽しんでもらえました。

しかし、このバーチャル食堂は、2020年12月に閉店。「コロナ禍が落ち着くまでの仮設テント食堂」のイメージで立ち上げた企画なので、初めから閉店前提だったのです。これまでの活動で、つながりができた人たちは別の場を作って集まれるかもしれない。他社にも広まったことで、さらに孤食でつらい思いをする人は減らせるかもしれない。それでよかったのです。

「精神的孤食を減らすこと」こそがこの活動の目的であり、バーチャル食堂はその足掛かりでしかないのですから。

**この取り組みが成功したポイントは、「目的達成までの仮設テントを立てる気持ち」だと思っています**。

もし終わりの見えない取り組みであれば、ここまでがんばれなかったかもしれません。参加者が集まらなくなった時点で、必死に集客方法を考え、心から楽しめなくなっていたかもしれません。そうなると、参加者も楽しめず、他社にまで広まることもなかったでしょう。

続けることが目的ではない。この場に来てくれた人が楽しんでくれて、横のつながりを作ってくれたらいい。初めて顔を合わせる人が、昨日よりひとりでも多かったら嬉しい。そんな気持ちを持っていたことが、当初の目的である「若手社員の精神的孤食をなくす」の達成に結びついたのだと思います。

**事業を立ち上げることでもコミュニティを立ち上げることでも、新しいことに挑戦するとき、多くの人は「成果を出さなくてはいけない」「続けなければならない」と気負ってしまい、及び腰になりがちです**。一歩目を踏み出すために大きなエネルギーが必要となり、いつまでも踏み出せないままになってしまいます。

そんなときは、**「目的を達成するまでの期間限定でやる」と決めて始めてみてはいかがでしょうか**。終わりがあるからこそすべてのエネルギーを注げる。終わりがあるからこそ、その日そのときの出会いや交流を楽しめる。そういうものだと思うのです。

期限つきで取り組んだ結果、目的が達成されれば終わらせてもかまいませんし、取り組む途中でうまく続けるノウハウを得たなら、そのまま継続してもいいでしょう。

まずは一歩踏み出してみなければ、何も変えられません。本当に変えたい状況があるのなら、「仮設テント」を立てる気持ちでスタートさせてみてください。

## SUMMARY

**一歩踏み出せずに悩んでいるときは、「仮設テント」を立てることを意識してみてください。目的を小さく区切り、期間限定で取り組むことで最初のハードルは大きく下がります。**

大企業特有の文脈の中で
イノベーションを生み出す超実践的方法論

HACK THE BIG COMPANY

# 社内を動かす「黒船力」「集団力」「斜め力」

40

パナソニック
濱本隆太 *Ryuta Hamamoto*

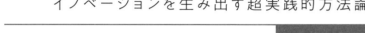

パナソニック｜濱本隆太 *Ryuta Hamamoto*

1989年岡山県生まれ。岡山大学環境理工学部卒業。2011年パナソニック入社。溶接営業、車載営業、家電新規事業を経て、現在の本社イノベーション推進部門。2015年10月より社内有志「One Panasonic x Nagoya」立ち上げ、2018年9月より社内有志「BOOST」立ち上げ。2016年9月よりONE JAPANに参加、幹事を務める。

新規事業関連セミナーやイノベーションに関する指南書を参考に実践してみても、社内を巻き込めず失敗に終わってしまった――そんな経験をしたことのある方もいるのではないでしょうか。

なぜイノベーションを学んでもうまくいかないのか。その原因は、大企業という特殊な環境にあると考えています。イノベーションの理論は、スタートアップで通用することでも、大企業では通用しない場合があるのです。

**大企業の中で新規事業を創り出す際に欠かせないのは、イノベーションの方法論や起業家マインドだけでなく、社内を動かすパワーです。**

それらを言語化し、体系的にまとめたものは、まだそれほど世の中には出ていません。そのため、多くの人が大企業での新規事業創出に苦戦しているのです。そして、たった一度の失敗から「もうここで新規事業を実現するのは無理だ」と挫折してしまい、取り組むことを断念。中には、会社に見切りをつけて辞めてしまう人もいるでしょう。

これは、非常にもったいないことです。潤沢なリソースを持つ大企業だからこそ、世の中に大きなインパクトを与える新規事業を生み出せる、という側面は絶対的に存在します。

もしその会社でしかできないことや、そこで実現したい夢を持っているのなら、「辞める」決断をする前に試してほしいことがあります。それは、大企業のイノベーションに必要な3つのパワーを身につけることです。

## 大企業イノベーターに必要な3つのパワー

私は以前からイノベーションに興味を持っていたこともあり、経済産業省の次世代イノベーター育成プログラム「始動 Next Innovator」でイノベーションについて学ぶ機会をいただきました。その後、社内起業家育成プログラム「Game Changer Catapult」で企業内アクセラレーターを務めて多くの新規事業創出に携わってきました。現在は、イノベーション推進部門で新規事業創出に勤しんでいます。

新規事業創出において失敗や成功を繰り返してきた私は、世に出回っているイノベーションのノウハウが、必ずしも大企業で適用できるわけではないことに気づきました。**そ**

**うしたノウハウと同じくらい大事なのは、社内を動かすために必要な3つのパワー。「黒船力」「集団力」「斜め力」です。**これらのパワーは、どのような大企業でも応用できるものだと思います。

**1つ目の「黒船力」は、外部の人の声を使うというものです。**

たとえば、社内の重要な場に、社外の新規事業やイノベーションに知見のある著名な方を呼び、講演してもらいます。いかにイノベーションが重要なのか、また実際に企業内で新規事業を実現するまでどのような苦労や工夫をしたのか、その道のプロの声を社内のキーマンに届ける。すると、彼らのマインドセットに変化が生まれます。

一社員である自分の声では動かせないような人たちも、黒船＝外部の人なら動かせる可能性があるのです。

2つ目の「集団力」は、大企業だからこそ使える力です。

経営幹部に伝えたい意見があったり、経営幹部の真意を知るために交流を深めようと思ったりしても、そもそも忙しい経営幹部の貴重な時間を頂戴することになるので、それなりに相手側のニーズに合う提案をする必要があります。

**そこで使えるのが「若手100人の声です」とすること。**その集団が大きくなればなるほど、多くの社員の声を拾えるという経営幹部側のメリットが生まれてきます。

**最後の「斜め力」は、自分の縦の上司だけではなく、斜め上の上司の応援をもらう力のことです。**

大企業は部署も多く、「斜め上」を見つけやすい環境です。そしてそこには、目に見えない影響力がある場合もあります。誰に応援してもらえば物事が動かせるのかを把握しておき、いざとなったら応援してもらえる状態にしておくことも、大企業で新規事業を実現するために重要なことです。

## 「Tシャツ」と「スーツ」の切り替えを学べ——大企業挑戦者支援プログラム「CHANGE」

これら3つのパワーを含めて、大企業における新規事業創出ノウハウをなんとか体系化できないか……。そう考えて私が考案したのが、ONE JAPAN主催の大企業挑戦者支援プログラム「CHANGE（チェンジ）」です。

新規事業のアイデアを形にして予算を獲得し、会社の事業として実現させるまでには、泥臭い取り組みが必要です。時にはスタートアップのように顧客の課題に必死で向き合いながら足を動かすフェーズもあれば、大企業の経営戦略を落とし込んだ企画として幹部にプレゼンをするフェーズもあります。

私はこれを「Tシャツ」と「スーツ」にたとえています。これは当時の上司にも助言していただいたことなのですが、**地道に足を動かして顧客と向き合うフェーズは「Tシャツ」を着る。社内の経営幹部にプレゼンするときは「スーツ」を着る。**フェーズによって何を着るべきか、すなわちどのような対応をすべきか適切に判断することが重要です。どちらも大企業イノベーターには必要なのですが、思考を切り分けられないと失敗してしまいます。

だからこそCHANGEでは、各フェーズに必要なスキルを持った方々にメンターを依頼しています。異なるフェーズにいる参加者それぞれに合わせたアドバイスが可能なため、その都度必要な思考をインストールでき、挫折することなく実現に向かえる仕組みとなっているのです。

2020年、最初のCHANGEでファイナリストに残った参加者は、それぞれの場所で予算獲得や実証実験を行うなど、すでに実現に向けて動いています。

大企業で新規事業を創出した人は、まだまだ少ないと思います。社内で前例となる人がひとりもいない、ということもありえるでしょう。私の経験上、一緒に切磋琢磨できる仲間や上司がいない状態で新規事業を生み出すのは、大変困難なことです。

しかし、多くの大企業社員は、誰にも頼れない状態で新規事業創出をしようと試みては挫折する、ということを繰り返しているように感じます。

だからこそ、まずは「黒船力」「集団力」「斜め力」の3つのパワーを使って社内を巻き込み、事業の実現に向けて経営幹部を動かせないかトライしてみてください。

## SUMMARY

**新規事業を創出できずに悩んでいるなら、大企業特有の3つのパワー、「黒船力」「集団力」「斜め力」を使いこなして会社を巻き込んでいくことを意識してみよう。**

有志活動こそ、やがて
本業の拡大に貢献するカギとなる!

HACK THE BIG COMPANY

# 41 NEC 諸藤洋明 *Hiroaki Morofuji*

# 志コネクト

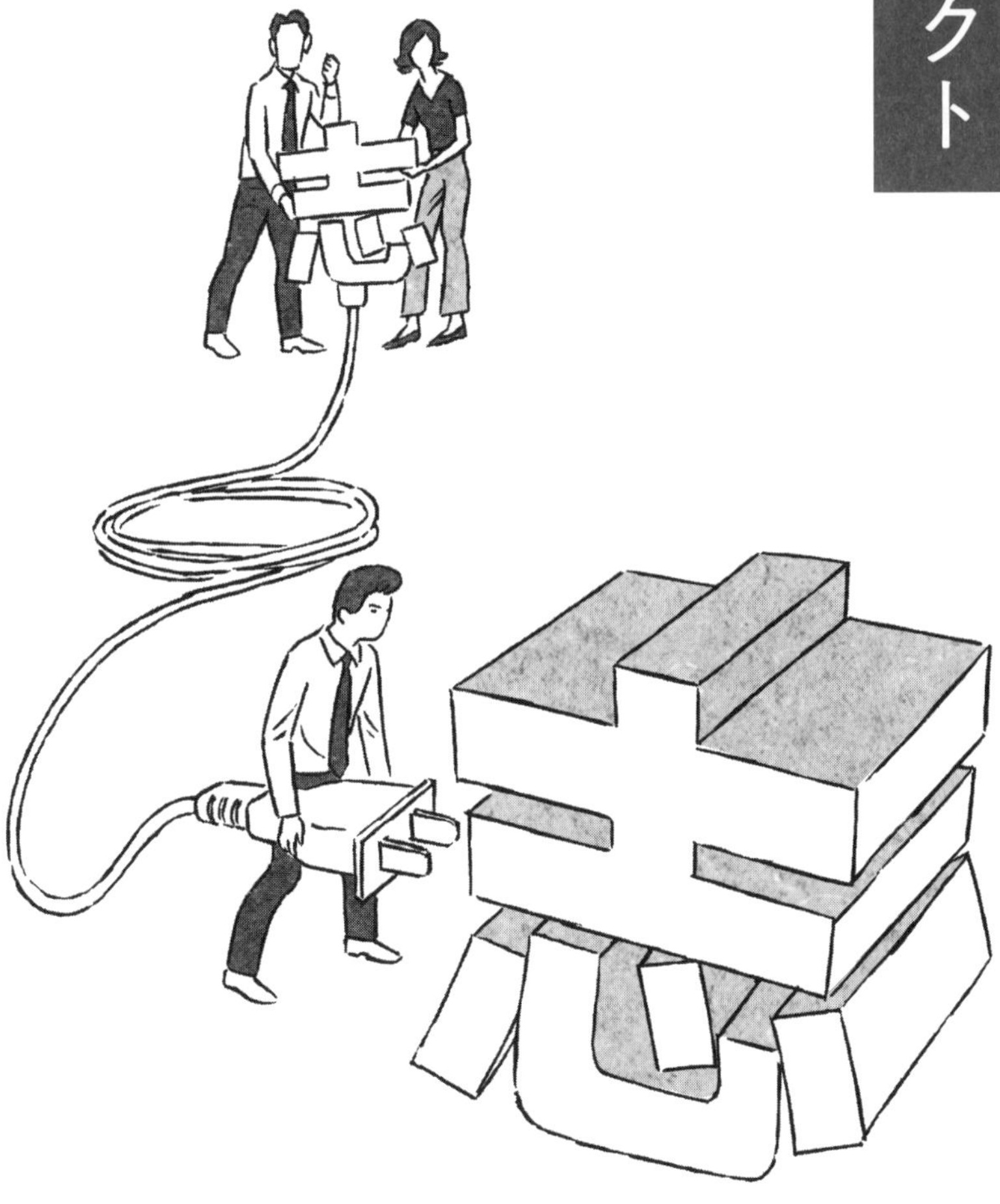

大企業を中から動かし、イノベーションを起こしていくうえで、もはや欠かせない存在となりつつある「有志活動」。**有志活動とは、「企業内で同じような思いを持つ社員が集まって業務の枠を超えた活動を行うもの」**。つまり、本業以外のことを、自分の時間で取り組むことになります。

しかし、いざ始めてみると、本業外の活動に取り組むことに迷いが生まれる人も少なくありません。私自身も社内で有志活動を立ち上げたばかりの頃はそうでしたし、ONE JAPANの有志活動相談窓口「ACTI（アクティ）」を運営する中で、多くの人が同じように悩んでいることに気がつきました。

そんな人におすすめしたい技が「志コネクト」。自分や仲間、会社の志を集めてつなげることで活動の意義が明確になり、周囲の理解を得ながら活動をスケールさせることができるのです。

**ただし、その前に1点、認識を改めてほしいことがあります。それは、「本業と有志活動とは別のもの」という認識です。**

NEC | 諸藤洋明 *Hiroaki Morofuji*

1984年東京都生まれ。早稲田大学政治経済学部卒業。2007年NEC入社。政府系システム開発部門を経て、2021年より行政DXを担当するガバメント・クラウド推進本部。2017年に社内で「CONNECT」を立ち上げ。2020年よりONE JAPAN幹事（有志活動活性化担当）を務める。

## 有志活動こそが、本業拡大のカギ

2017年。NECに入社し、SEとしてのキャリアが10年を超えた頃のことでした。当時、私は焦りを感じていました。社会人になりたての頃は、年数を踏めば踏むほどいろんな人とのつながりが増えていくと思っていたのに、実際は専門化が進み、自分の仕事の領域や技術的な視野が狭まっていくように感じたのです。

そんなとき、たまたま友人から誘われて参加したのがONE JAPANのイベントでした。そこで出合ったのが「イノベーションを起こすために必要なのは、枠組みを超えた人と人とのつながり」という考え方です。影響を受けた私たちは、これを自分の会社でも実現しようと、部署を越境した人材交流を企画する有志活動「CONNECT（コネクト）」を立ち上げました。

あくまで自主的なものとして走り出したため、イベントを開くのは休日など業務外の時間のみ。活動場所は、わざわざオフィス近くの貸し会議室を借りていました。それでも30人を超える人が集まってくれて嬉しかったのを覚えていますが、心の中にはいつもどこかに、本業以外に時間を使っているという後ろめたさがあったように思います。

潮目が変わったきっかけは、会社からの表彰でした。NECグループには社員の活動を表彰する制度があり、そこでCONNECTが表彰されたのです。また2018年に、NECで行動基準（Code of Values）が定められたことで、個人の情熱や組織を超えた活動が重視されるようになりました。有志活動の内容についても半期の目標評価に記載できるようになったんです。

こうした偶然も重なり、有志活動を継続し、成果をあげることができたことで、私にはある思いが芽生えました。

## 「有志活動は、本当に本業とは無縁なのか？」

たとえば、有志活動は非公式なものなので、何にも縛られず自由な発想で活動ができます。つまり、安定性がある代わりに柔軟性に欠けがちな大企業において、有志活動という形で挑戦や仮説検証を重ねておくことは、来るべき変化への備えとして機能するはずです。

また、社員育成という面でもメリットがあります。大企業では、大きなことを成し遂げるために、社員は与えられたミッションを着実に遂行する力が鍛えられます。しかし、それが板につくと、自分起点で動くことが苦手になります。一方、有志活動は、社員が自分の思いに立ち返って行動する場です。つまり、活動を通して社員の自主性が育てられるのです。

世の中で不確実性が騒がれる昨今、「アジャイル経営」などにも注目が集まっています。志を持って判断し行動することは、どんな企業、職種であっても社員に求められていくでしょう。結果的に、本業と有志活動の境界は曖昧になります。実際に有志活動から新しい取り組みが生まれる瞬間に立ち合ってきた経験から、実感しているのは、「有志活動も本業である」ということ。今はまだ社会に定量的に評価する仕組みが成熟していないだけで、会社のビジョンや利益につながる活動はいずれ、あまねく本業として認められるようになると思っています。

**有志活動こそ、本業を拡大していくためのカギとなる。**そう言っても過言ではありません。

## 自分、会社、仲間の志を「コネクト」する

現在私は、ONE JAPAN内で各企業の有志活動の悩みを解決するコミュニティ「ACTI」を運営しています。そこで当時の私と同じようなモヤモヤを抱えている人に出会

い、自分の経験を語るうち、不足しているのはお互いの対話だと気づきました。社内にいる誰もが、「いい会社」「社員の幸せ」を望んでいます。しかし、人によって価値観は異なるので、優先して解決したい課題もやり方もさまざまなんですよね。目指す姿は一緒なはずなのに、うまく協同できない。

そこから生まれたのが「志コネクト」という技です。有志活動は、文字通り志ありきの活動です。**この技は、自分の志だけでなく、会社やチームなど、関わる人すべての志をつなぎあわせるというもの。**そうすることによって「周囲を巻き込み、イノベーションを起こす」という、有志活動の真価を発揮することができるのです。

なぜ志をつなぎ合わせることにこだわるのかというと、有志活動の悩みにいくつかの共通点を見出したからです。大きく分けると、2つのパターンがあります。

1つは、メンバーの志が置き去りになっているパターン。

たとえば、魅力的な社内イベントを開催するものの、理解者はなかなか増えず、周囲からも「イベント屋」と思われている、という悩みはよく寄せられます。もしくは、「会社はこうあるべきだ」というべき論に陥り、個々のメンバーのワクワクが削がれている、というケースも散見されます。

これらの場合、チームの志が曖昧になっている可能性がかなり高い。今一度、メンバーと活動のビジョン、そして「自分たちがどうありたいか」について話しあい、再度志をつなぎあわせる必要があります。会議室を飛び出し、郊外での半日合宿などがおすすめです。

もう1つは、自分たちの志ばかりを言ってしまうパターンです。この場合、置き去りになっているのは、「会社の志」です。顧客や株主、社員など多方面の期待に応えるべく、経営幹部はすでに多様なことを考えています。その考えとの共通点を意識しないと、「熱い気持ちはわかるんだけど、会社の優先事項は別」と思われかねません。

そうしたケースにおいては、ブログや直接の会話から、相手の志とのつながりをさぐります。また、経営理念や創業者の言葉と、有志活動の志を紐づけることもおすすめしています。

**有志活動の「志」には、個人の志と会社の志の両方が入っているはず。活動する個々のメンバーの志と、会社の志をしっかりつなぎあわせて活動を続けていけば、やがて有志活動が本業の拡大へとつながっていくでしょう。**

SUMMARY

「有志活動は本業外のボランティア」という意識は今すぐ捨てましょう。会社を変えたいと願うメンバーの志と会社の志をつなぎあわせることで、やがて本業の拡大につながる大きなうねりを作り出せます。

無風状態から風を巻き起こすための
アウトプット術

HACK THE BIG COMPANY

# 三方よしの「意識調査」

42

NHK/ONE JAPAN副代表
神原一光 Ikko Kambara

企業を変えよう、イノベーションを起こそうと思ったときに、有志団体を立ち上げるのは有効な手です。本業もしっかりやりつつ、朝夕休日に集まって勉強会をしたりディスカッションをしたり、志を同じくする仲間たちと熱量高く過ごす時間は、とても豊かなものでしょう。

ただ残念なことに、実際にイノベーションを起こすまでにはとにかく時間がかかります。結果が出るまでは周囲から「業務外で何してるんだ?」と怪訝な目で見られたりすることもあるかもしれません。

**また、有志団体を運営することだけに熱を上げすぎると、外部から講師を呼ぶことやディスカッションから刺激を受けることだけが目的になって、メンバーが燃え尽きてしまうこともしばしば起きがちです。本来の目的と手段が逆転してしまっているのです。**

ONE JAPANでも、2016年の立ち上げ後、すぐに危機感を持ちました。錚々たる大企業から多くの人は集まったものの、サービス開発などのアウトプットを出すまでにはしばらく時間がかかることに気づいたのです。そこでいち早く実施したのが、ONE JAPANメンバーを対象にした「働き方意識調査」です。

NHK | 神原一光 *Ikko Kambara*

1980年東京都生まれ。早稲田大学卒業後、2002年NHK入局。ディレクターとして「NHKスペシャル」など制作。2018年6月より2020東京オリンピック・パラリンピック実施本部副部長。チーフ・プロデューサーとして番組・イベント開発も手がける。2012年、局内で「ジセダイ勉強会」を立ち上げ。ONE JAPANでは現在、副代表を務める。著書に『会社にいやがれ!』など多数。

調査のテーマ設定から、設問設計、調査実施、データ集計分析、提言作成、結果発表までを6か月でやりきると設定し、直ちに取り組みました。つまり、半年で確実にONE JAPANからアウトプットが発信されるという算段です。

## 無風なら、自ら走って風を起こせばいい

ONE JAPANのメンバーは、ほとんどが東証一部上場の大企業55社（2021年9月現在）の、35歳周辺の正社員、3000人で構成されています。こんなにセグメント化されたサンプルは他の組織や団体にはありません。**テーマを見つけ、問いを立て、自分たちの声を集めれば、政策提言するだけのパワーがもしかしたらあるかもしれないと気づいたのが、意識調査を始めたきっかけです。**

企業経営は大きく「事業開発」と「人材開発」の2つに分類することができます。つまり「稼ぎ方」と「働き方」の追求です。そこで、意識調査ではテーマを私たちの業務である「稼ぎ方」と、私たちを取り巻く「働き方」の2つに設定し、アンケートを行うことにしました。

また、これは提言先から逆算した設定にもなっています。前者は、経営者の目線でもあり、経済産業省や経済団体向け。後者は、労働者の目線であり、厚生労働省や労働組合、NPO向けでもあります。つまり、経営者と労働者の両面の目線からアンケート項目を考えたのです。

こうして、イノベーションと子育て、兼業と介護といった2つのテーマについて一度の調査で提言できるよう意識しました。これは、ONE JAPANは経営者か労働者のどちらかの視点ではなく、両方の視点を持つ「第三の解」を出す団体でありたいという思いも込めています。

調査をもとに、政策提言にまで持っていくことももちろんですが、まずこの意識調査を通して目指したのは、ONE JAPANとしてニュースに取り上げられることです。結果、これまで5年間、毎年行った意識調査は、新聞やテレビのニュース、複数のウェブメディア、業界の専門誌、国際的なカンファレンスなどにも取り上げられ、そういった実績から経済3団体の1つ「経済同友会」との共催イベントにもつなげることができました。

またONE JAPANに加盟する各有志団体が、調査の結果をもとにそれぞれが所属する企業に提言したり、交渉に利用するケースや、実際の事業、サービスの開発にも活用しようという動きも出てきました。人が集まっただけのある種の「無風状態」から、自分たちのチカラで風を起こせた瞬間でもありました。

**こういった経験から学んだことは、人が集まると、メディアを生み出すことができるということです。つまり情報発信の起点になるのです。**

もし、あなたが有志団体を立ち上げたら、時間をかけてアウトプットを出すことを目指しつつ、まずは自分たちの調査をすることも心がけてみてください。調査の内容によっては純度の高いオリジナルの情報が集まり、発信した情報をもとに外部への認知が広がるきっかけにもなります。

## 調査は目に見えるコレクティブ・インパクト

意識調査の効果は先ほど示した外部への発信だけではありません。実は、内部への効果もあります。**意識調査に参加することで、メンバーに活動実感が生まれ、有志団体へのモチベーション維持という効果につながるのです。**

多くのコミュニティで見られがちなのが、自分たちのことは、自分たちが一番見えていないことです。1000人集まっていることにどれだけ価値があるか、自分たちが置かれている境遇、たとえば、夫婦共働きが当たり前となり、子どもがいる場合は育児があることはわかっていても、実は親の介護もそこに重なってきている人がいるということや、不妊治療を経験している人が大企業の若手中堅社員にどのくらいいるか、といったデータや声が、社会、経済にどれだけインパクトを持つかなど、当事者が気づいていないということが意外と多くあるのです。

こうした気づかなかった事実が意識調査によって明確なデータとして示され、同時に自分たちの立ち位置も自覚することになる。自分たちが何者かを、エビデンスを持って相手に伝えることもできるようになるのです。

ここで調査を実施するときに事務局を担当する人に、多くの人に参加してもらうコツを紹介します。ONE JAPANでは1社各20人ずつ、合計1000人以上から回答を集めることを目標にしたのですが、結果が出るまでは調査の意義をなかなか実感してもらえず、メンバーからの協力を得ることが難しいことがありました。そこで積極的に調査に協力してもらうため、私もいろいろと工夫しました。

①各団体（企業）の代表者がひとりで負担を抱えず、徹底的に手分けする
②メーリングリストを使って一斉送信で案内を出すだけでなく、一人ひとりにお願いメールを送る
③調査期間中に、勉強会やイベントを設定し、その場で10分だけ、一斉にアンケートに協力してもらう時間を用意する

その他、毎朝「〇〇社、目標回答数を達成しました。おめでとうございます！」といったお知らせをしたり、「今後はこういう流れになります」と先の展開を共有したり、「回答が集まればその分だけ、私たちの声が大きくなり、声が大きくなれば、会社や社会を動かすきっかけになる」という調査の本質を伝え続け、ＯＮＥ ＪＡＰＡＮ全体のためになることを粘り強く説明しました。

## 個と束。意識調査は個が団体に参画していく入口

どうして私がそこまでして意識調査にこだわったのか。それは参加する55社３０００人の気持ちが１つになる瞬間だと考えたからです。

企業の有志団体の集まりであるＯＮＥ ＪＡＰＡＮは、都道府県や州の集まりにたとえられることがありますが、毎月開催される会議に代表者が参加しているだけでは、それ以外のメンバーは活動の実感を持ちにくいのが実情です。ところが、各社で集まって調査し、その結果が全体に示されることで「集合体」として実感することができます。それが、メンバー全員がＯＮＥ ＪＡＰＡＮに参画している実感へとつながっていくのです。

一昔前は、個性を消して組織のために「滅私奉公」することが美徳とされていた時代もあったかもしれません。しかし、ＯＮＥ ＪＡＰＡＮが理想に掲げる企業像は、社員一人ひとりが持つ異なる個を重ね合わせて、束になって大きなことを成し遂げることです。集合体として、すべての人にあてはまる「最大公約数」ではなく、すべての人が自分ごととして行動に移す「最小公倍数」を探し、そのコレクティブ・インパクトによって会社と社会を動かすことを目指しています。

**その一歩目を踏み出すアクションとして、意識調査は「三方よし」の効果を生み出しています。**まず個人にとってＯＮＥ ＪＡＰＡＮに参画する入口になる。ＯＮＥ ＪＡＰＡＮにとっては、自分たちの立ち位置が明確になるだけでなく、アウトプットとして社会にニュース性のある情報を発信できるということです。

自分と会社と社会の3つが重なる部分を大きくしていって、社会を動かす。たった1つのアンケートから、その可能性を見せられるのが「意識調査」だと自負しています。

## SUMMARY

**有志団体を立ち上げたはいいが結果が出ない……。そんな焦りを抱えているのなら、ぜひ「意識調査」を行ってみてください。個人、団体、社会が三方よしとなる設計ができれば、活動を後押しするアウトプットにつながるでしょう。**

「オープンイノベーションごっこ」を脱し
真の共創を目指そう

# 外の「標準」を知り、融合する

HACK THE BIG COMPANY

43

ONE JAPAN 幹事（広報担当）
事業共創プロジェクトリーダー
福井崇博 *Takahiro Fukui*

「大企業の中で、もっとイノベーションを起こすためにはどうしたらいいだろう？」

なかなか変わらない組織に対して、モヤモヤとしている方は多いのではないでしょうか。

そういう方におすすめしたいのが**「外の標準に触れ、融合する」**ことです。新規事業担当者だけでなく、既存事業やバックオフィスを担当しているみなさんにも、技の1つとしてぜひ試していただきたいと思います。

私は運よく、社内を飛び出して外部の世界に触れる機会に恵まれました。そして今ではONE JAPANの「事業共創プロジェクト」のリーダーとして、オープンイノベーションを推進しています。既存事業も新規事業も、メンバーもリーダーも含めて、みんなに勇気を提供して日本の大企業全体をもっと躍動させたいのです。

ONE JAPAN | 福井崇博 *Takahiro Fukui*

1987年三重県生まれ。2010年日本郵便入社。ローソン出向やオープンイノベーションプログラム立ち上げ等を経験。2017年横浜国立大学大学院国際社会科学府経営学専攻博士課程前期社会人専修コース修了。2018年東急入社。CVC立ち上げやオープンイノベーションの仕組化を推進。2016年よりONE JAPANに参加。現在は幹事を務める。

## 出向、そして起業家との出会いで知った「外の標準」の重要性

そんな私も、最初からオープンイノベーションをやろうと思ってやりはじめたわけではありません。社外に出たきっかけも、前職時代に提携先へ出向することになったからでした。その出向先で衝撃を受けたのが、社外パートナーも含めたいろいろな部門を横断して、1つのベクトルに力を合わせていたことです。その共創感あふれる文化を「自社に持ち帰って広めたい！」と強く感じたのですが、出向後にたまたまオープンイノベーションをテーマとしたカンファレンスへの出展プロジェクトの社内公募があり、そこからオープンイノベーションの道を歩むようになりました。

また原体験として鮮明なのが、そのプロジェクトをきっかけにオープンイノベーションでの事業推進をするようになったときのこと。刺激的な起業家たちとたくさん出会って「世の中には魅力的なサービスをやっている人が、こんなにいるんだ！」と驚いたのです。

こうして徐々に社外にある標準を意識するようになりましたが、ただ外に出るだけでは

うまくいきません。ポーズだけになってしまったり、頭でっかちなだけになったりします。そんな状態を指して「オープンイノベーションごっこ」だと揶揄されてしまうことも。

そこで私が今まさに挑戦しているのが「オープンイノベーションを大企業の文化として当たり前に根づかせること」。そのためにどのポジションの人にも欠かせないのが「外の標準と融合」する姿勢です。たとえばＨＲの社内標準を刷新するようなときにも、きっと役に立つのではないでしょうか。

## ポイント1　サードプレイスを活用して標準を進化させる

会社を本当に変えていくには、会社の意思決定層も巻き込んでいく必要があるはずです。その際に「ウチはこうだから」という、自社特有の標準が壁になることはよくありますよね。だからこそ会社の標準に対して働きかけることが大切なのです。

**まずは外に出て、違う世界の標準に触れることから始めてみましょう。そして外でノウハウの収集を続けて、自分なりに自社の標準と融合させてみて、自社に持って帰ります。**

そこでもまた「うまく合わない」ということがきっとあるでしょう。あせらず往復運動を続けていくことで、既存をベースにしながら標準を進化させていくことができるのだと思います。

もし企業の中で大変なら、外はサードプレイス的に居心地のいい場を選んでみるのも、うまく続けていくポイントかもしれません。勉強会でもなんでもいいのです。そして共感も大切。私は「自社に持ち帰って広めたい！」と自然と心が動いたのですが、社内ですぐにうまくいくことはありませんでした。それでも動きつづけたいと思えたから、続けられたのです。

## ポイント2　心をくばって、「社内の標準」を把握する

オープンイノベーションは、圧倒的な成功事例を作らないと流行りもので終わってしまうのではないか。私はそんな危機感があって、さまざまな大企業に汎用できる成功モデルを作りたいと考えています。そのため「ONE JAPAN 事業共創プロジェクト」では、各社のオープンイノベーション担当や事業開発担当、ベンチャー出向経験者等を中心とし

たメンバーとともに、各社の知見やノウハウをいいとこどりをしながら組み込んでいます。

そうしてみんなの困りごとに目を光らせながらONE JAPANの中と外との往復運動を繰り返すうち、磨きがかかったスキルがあります。それが俯瞰して捉えること。たとえば事業部やグループ会社がどういう方向性を持っているのか、どんな課題があるのか、どんな技術やサービスを求めているのかについて、自然といつも気にかけるようになりました。そうして業務プロセスなども俯瞰してボトルネックを把握し、それを解決していく力が身についたように思います。

このことは、自社の標準を把握するうえでも非常に重要です。標準を把握するには、各部門が持つ課題や思考について常日頃から洞察やヒアリングをして把握しておく必要があるからです。**スタートアップの情報をたくさん持ったり、自分がやりたいことを進めたりするだけでなく、それ以上に社内を把握しておくべきなのです。**

私は「事業共創プロジェクト」を実践的でよりよいものに進化させていくために、できるだけリアルな相手を意識しています。

だからプロジェクトテーマを決めるにもヒアリングやアンケートを実施しています。そして、たとえばもっと深いワークが各社の中で必要だと感じると、よりリアルな課題をテーマにするために、ワークしてくれそうな人をペルソナとしてピンポイントでつかまえてヒアリングをします。それからその人の課題感に合うものをベースにテーマを作ったりしているのです。

こういう丁寧なやりとりの積み重ねで、チーム内の各メンバーそれぞれの「標準」が見えてきます。

なお、こうしたヒアリングは、外の標準との融合をスムーズに行う際にも有効です。たとえば「事業共創プロジェクト」の参加者が各社内で担当部門に情報を共有したり、自らの部門での検討を進めたりする際に、ピッチの資料だけでは十分に伝わらないということにメンバーとの議論を通して気がつきました。そこでチームで各社の周辺情報を事前調査してインプットしたり、ピッチ動画やQ＆Aのアーカイブを共有したりして、サポート内容を強化したのです。

**みなさんも、まずは外に出て、自社について話してみるところから始めてみてはいかがでしょうか。**自社を外からよく見つめないと、体系的に言語化して伝えることが意外と難しいこともあります。あるいは外で話すと思いもよらぬポイントが評価されたりして、いつもと違う標準に気がつくかもしれません。

## SUMMARY

**「ウチの会社からはイノベーションなんて生まれない」と悩む人こそ、「社外の標準」を探しに出かけてみてください。それと「社内の標準」を丁寧に融合させることができれば、まだまだできることがあること、さらには意外な自社の可能性に気づけることもあるでしょう。**

不確実な世界で
「前例のない判断」をするために

# 意思決定力を磨く「視点・視野・視座アップデート」

HACK THE BIG COMPANY

44

凸版印刷
坂田卓也 Takuya Sakata
三越伊勢丹ホールディングス
額田純嗣 Junji Nukada
NHK/ONE JAPAN副代表
神原一光 Ikko Kambara

今、「前例のない判断」ができる管理職が減っています。大企業においては、部署間の連携が煩雑であったり、変化を起こさなくても社会的地位を守れたりするため、その傾向はより顕著です。

**しかし、変化しつづけ、社会を生き抜くには、自らも変わる必要があります。そのためには、視点・視野・視座の3点のアップデートが欠かせません。**大企業という守られた環境にいるからこそ、見失いがちな〝志〟を今一度見つめることで現状の突破口を開くことができるのです。

## 社会変革を起こすために必要な「意思決定力」

社会に大きな危機が訪れたとき、生き延びるために一番大切なことは「変化」であるはずです。しかし、リーマンショックや東日本大震災、そして新型コロナウイルスの危機をもってしても、必要に迫られたことだけしか変えられずにいる企業は多いのではないでしょうか。大企業においては、組織が細分化されて部署間の連携が煩雑なせいか、特にそうした傾向が強いように感じられます。

凸版印刷 | 坂田卓也 *Takuya Sakata*

1982年生まれ。青山学院大学卒。ユニファ社外取締役。コンボ社外取締役。グロービス講師。凸版印刷入社後、事業部門にて、マーケティング支援に従事。2014年に経営企画部門に異動し、新事業開発を目的としたスタートアップ投資部門を設立。現在は、事業開発を加速させるために事業開発本部に異動し、20社を超えるスタートアップとの協業責任者に従事。

変化を起こせない組織に共通するのは、「意思決定力」の圧倒的な不足です。意思決定とは、誰が・どんな役割で・いつまでに・どうすべきか、といった問いを作り、一つひとつに適切な仮説を構築し、実践していくことに他なりません。未知の事態を切り拓くためにはこの地道な作業を行う力が必要ですが、それをこなしていく力のあるリーダーが足りていません。

そんな課題感を共有した私たち3人が、当事者としてONE JAPANで立ち上げたのが「ミドル変革塾」です。ターゲットは、自分たちと同世代である30、40代の若手管理職。やみくもに打席を増やすだけでなく、大胆かつ着実に結果を出すことが求められる、組織の行く末を決める要の人たちです。

プログラムは「学び」と「実践」の2つに分けています。

「学び」のフェーズでは、同世代の傑出した次世代リーダーやすでに世界で活躍するリーダーを招いて、視座、戦略・変革、政治、社会、経済、技術、人・組織といった幅広いテーマで講義を行い、受講生同士で議論してもらいます。すると、知識だけでなく、講師や他の受講生の考え方もインプットされます。


三越伊勢丹ホールディングス　額田純嗣 *Junji Nukada*

1979年大阪府生まれ。早稲田大学卒業。2002年伊勢丹（現三越伊勢丹）に入社し、仕入れ・陳列・販売・CRM・人的管理・企画・店作り等百貨店のマーチャンダイジング業務全般を経験。2019年より2年間三越伊勢丹グループのマーチャンダイジング企画部長。現職は既存事業の構造改革、及び新規事業創出を担当する事業企画推進部長。

**知識を身につければ視点が増え、考え方を知れば視野が広がります。視点と視野は視座を高める礎となり、視座を高めることは、意思決定の力を鍛えることに結びつきます。**

「実践」のフェーズでは、志を同じくする仲間とチームを組み、「学び」を通して考えた社会変革プランを実行してもらいます。どんなプロジェクトも、PDCAを回しながら継続することが重要で、そのためにはともに学び、支えあうコミュニティが必要だからです。

若手管理職に意思決定力が身につけば、組織は大きく変わります。大企業が次々と変わりはじめれば、いずれはそれが社会を変えるムーブメントとなるはずです。

## 視点、視野、視座をアップデートし、より大きな「山」を目指す

「ミドル変革塾」のプログラムの核は、視点、視野、視座をアップデートさせ

NHK　神原一光 *Ikko Kambara*

1980年東京都生まれ。早稲田大学卒業後、2002年NHK入局。ディレクターとして「NHKスペシャル」など制作。2018年6月より2020東京オリンピック・パラリンピック実施本部副部長。チーフ・プロデューサーとして番組・イベント開発も手がける。2012年、局内で「ジセダイ勉強会」を立ち上げ。ONE JAPANでは現在、副代表を務める。著書に『会社にいやがれ!』など多数。

るところにありますが、中でも私たちが特に大切だと考えているのが、視座です。視点と視野も意思決定には必要ですが、視座が低ければ小さな意思決定しか行えず、結果的に小さな変化しか起こせないからです。

たとえるなら、高尾山しか登ったことのない人が富士山やエベレストにいきなり登れないのと同じこと。目指すものが大きければ大きいほど、必要となる心技体は異なります。

事業部同士の背比べに終始している管理職は少なくありませんが、経営者が「社会の利益」という大きな山を見ていても、本来組織の推進力となるべき管理職が近所のジャングルジムに夢中になっていたら、その会社が大きな変化を起こすことは難しいでしょう。

あなたが登っているのは、どんな山でしょうか。頂上にあるのは、自分の昇進でしょうか、事業部の利益でしょうか、それとも会社の業績アップでしょうか?

管理職として会社に貢献し、社会変革を起こすためには、自分が立つ足元の山の大きさをまず見極めることが必要です。そして、経営者と足並みを揃えるため、より高い視座に立つことを目指すべきです。

**では、個人の力でどう視座を高めればいいのか。それは、学びつづけることと、事業部**

**や会社、業種、イデオロギーの異なる人と交流すること、それから、恐れずに志を「言語化」することです。**大企業に務めている人は守られた環境にいるため、意識をしないと志を見失いがちです。だからこそ時間を作って大義を考え、口に出すことで責任を持つ必要があります。

中には「お前が言うな」と言ってくる人もいるでしょう。でも、勇気を持って言葉にする人を揶揄するような人は、小さな山に登って満足している人です。すでに大きな山に登っている人は志の大切さを知っているので、頼もしい味方となってくれると思います。

何事も、心が定まっていないとうまくいかないものです。剣道の教えに「心・技・体」という言葉があります。まず心、それから技、体の順で強くなるという考え方です。技を知り、技に溺れないことが、社会を変革するリーダーに求められる条件ではないでしょうか。技を紹介する書籍ですが、もう一歩先へ進みたい人は、この本質をぜひ忘れずにいてほしいと思います。

## SUMMARY

内に秘めたままの「志」に価値はありません。恐れずに言語化して、より高い視点、視野、視座を獲得することで、より大きな山を目指すための「意思決定力」を磨いていこう。

# おわりに

## 同じ志を持つ〝仲間〟たちへ

「みなさん、社会を動かすチカラとして、大企業を使い倒しましょう」

2020年10月。新型コロナウイルス感染拡大の中、オンラインで開催した年に一度の「ONE JAPANカンファレンス」。2200人もの人たちが参加したこのカンファレンスの最終セッションで、『シン・ニホン』著者の安宅和人さんが放ったこの言葉に、日本の大企業の未来と可能性が凝縮されていると感じました。

同時に、この安宅さんの言葉は、私たちONE JAPANにとって、改めて日本の大企業の強みに思いを馳せるきっかけを与えてくれました。

もともと、日本の大企業の強みは「現場力」と「調整力」でした。物事が決まるまでには相当の時間を要するものの、いざ実行する段階になると完璧に事を運んでみせる。さらに、終わった後も「それでいいのか」と日々、改善を重ねていく。そのような類まれなる実直さが、取引相手や顧客からの絶大なる信頼につながり、戦後、日本を世界トップクラスの経済大国にまで押し上げてきました。「現場力こそ、日本の力」と言われる所以がここにあります。

しかし、グローバル競争が激化した平成。「物事が決まるまでに相当の時間を要する」という日本企業の意思決定の遅さや、部門別に細分化した官僚的組織構造があだとなり、昭和に築いた世界のトップの座から脱落していきます。さらにインターネットの登場により、情報産業のみならず、すべての産業がデジタル化するテクノロジーの進歩についていけず、世界第2位の経済大国の座を中国に明け渡すことになりました。

こうした中で迎えた令和。「新型コロナウイルス」が発生しました。感染が世界的に拡大したことにより、世界全体が未曽有の打撃を受けました。日本のGDPも、比較可能な1995年度以降で最大の下落を記録。リーマンショックが起きた2008年度を超える下落幅で、多くの企業がリストラ、事業縮小などを余儀なくされています。

まさに、「VUCA《ブーカ》」という言葉に集約される、不安定で、不確実性が高く、複雑で、不明確な変化の波に襲われているのです。

「失われた30年」そして、その直後に発生した新型コロナウイルスの感染拡大は、日本企業に、それ以前から横たわっていた課題を一気に噴出させました。

それは、大企業の強みであった現場力と調整力は、ある種の「平時」の時代には通用しても「有事」の局面では通用しないということです。そして「有事」の時代には、本書でも取り上げた「内向き・社内至上主義」、「縦割り・セクショナリズム」、「スピード欠如」、「同質化・新陳代謝不全」、「挑戦・仮説検証不足」という大企業の弱点が最大の足かせになってしまうということです。

ONE JAPANとして、大企業に「挑戦する文化」を取り戻そうと活動する今、実感することは、大企業病は、思惑の「不一致」から生まれるのではないかということです。

それは、社員個人と企業組織との間や、経営と現場の間、さらには部門と部門、役員と管理職、管理職と非管理職との間で生まれるものが複雑に絡みあっているのだということです。

この「不一致」の原因を丹念に突き止め、打つべき手を打ち、時には組織を変更し、人・もの・資金のリソースを投じることができれば、個人が生き生きと能力を発揮し、その総体として企業も成長する「新しい勝ちパターン」が描けるのではないかと考えます。

また、本書で取り上げた、一見奇をてらったように見える打開策や方法論も、実は「社内外の人脈、ネットワーク」を駆使したものであったり、「課題抽出力、本質を見抜く力」や「根回し力、巻き込む力」に優れたものであったり、「困難も楽しむ力」や「圧倒的な当事者意識」に裏打ちされたものであったりなど、日本企業が元来兼ね備える「現場力」と「調整力」の再定義や応用であることが垣間見えます。

その意味では、大転換が求められる日本の大企業において重要になってくるのは、「前例のない判断」や「未知なる決断」をいかに積み重ねることができるか、ではないでしょうか。また、そのような振る舞いを続けていくために、同じ志を持つ仲間を自社だけでなく、他社や他業種にいかに多く作っていけるかが大切なのだと考えます。

ＯＮＥ ＪＡＰＡＮを設立して5年。こうした企業や業界を超えた仲間や世代が束になって、これからの日本の大企業を担っていくことがますます求められていると身に染みて実感します。

歴史というのは「誰かが作る」ものではなく「作ろう」という意志のある人たちが作り上げるものです。未来というものは、「勝手に進む」のではなく「進めよう」と挑戦してきた人たちがいるからこそ切り拓かれていくのです。その当事者に、この本を読んでくださっているあなたとともに、私たちもなっていきたいと思います。

2025年の景色、2030年の景色、私たちは、どうありたいか。そのことを胸に、「前例のない判断」を積み重ね、社会を動かす挑戦を続けていくことが、勝ち逃げのできない私たちの世代に課せられた使命なのだと思います。

本書が、読者のみなさんの挑戦の一助になれば幸いです。

本書の執筆にあたっては、書籍化が決まる前からメンバーのインタビューを掲載してくださった「ウェブ電通報」や「another life.」のみなさん、企画段階から伴走いただいたダイヤモンド社の廣畑達也さん、そしてONE JAPANの活動を応援してくださっているすべての方と、ともに歩むすべてのメンバーに感謝申し上げます。

2021年10月

| 氏名 | | | | | | | | | |
|---|---|---|---|---|---|---|---|---|---|
| 田中翔麻 | 加藤修大 | 深見和弘 | 林俊也 | 門谷秀俊 | 加藤明彦 | 桐田哲郎 | 小阪翔 | 三岡慈生 | 中西穣作 |
| 大野晃司 | 太田幸伸 | 大内和之 | 尾崎智彦 | 佐々木隆介 | 関雄輔 | 志賀竜也 | | | |
| 榎本紘明 | 唐津勇作 | 栗林祐介 | 佐々木恵吾 | 椎和穂 | 橘雄介 | 豊島考作 | 中村磨樹央 | 成瀬集人 | 堀江直樹 |
| 丸尾章郎 | 山下昌哉 | | | | | | | | |
| 安藤翔一 | 篠健一郎 | 梅田実 | 石川拓磨 | 本間晋 | 勘澤綾 | 堀江孝治 | | | |
| 西浜秀美 | 村上貴之 | ほか共通の想いを持ったメンバー 約 150 名 | | | | | | | |
| 荒木朋之 | 石原舞 | 中塚舞 | 中村萌子 | 山下修平 | 湯川秀一 | 横尾真紀子 | 横澤宏美 | 小林茉莉子 | 小松直樹 |
| 青木沙緒里 | 北野悠基 | 冨依 勇佑 | ほか 330 名程度 | | | | | | |
| 諸藤洋明 | 松葉明日華 | 松波亮 | 山田哲寛 | 楢崎洋子 | 堀江裕樹 | 佐藤秀樹 | 吉田嘉仁 | 中山健太 | 花井滉大 |
| 占部稜 | 大森貴史 | 神原一光 | 小島三千代 | 清水まどか | 関口翔太 | 髙田彩子 | 髙橋昂平 | 高栁秀平 | 田村友嗣 |
| 本田美奈 | 増澤尚翠 | 町田啓太 | | | | | | | |
| 一杉泰仁 | 太谷成秀 | 畠山怜之 | 西谷翔太 | 佐藤大樹 | Thet Naing Htun | | 浅沼佑紀 | 田口佳野子 | 山岸宏輔 |
| 岩田裕平 | 高見暁 | 村上頌 | 河野りさ | 佐藤瑠生 | 山本将裕 | | | | |
| 山下まいか | 吉田恭子 | 坂本一央 | 吉田貴之 | 永田卓 | 江口雄三 | 小倉淳史 | 原純哉 | 井上健介 | 平林宏介 |
| 中村将平 | 牧澤遼 | 伊奈利晃 | 櫻井崇晴 | 濱田秀之 | 加藤大輔 | 絹川悠介 | 細川翔平 | 永原斉 | 柳澤斐子 |
| 大辻聡史 | 柴田大介 | 神川朋久 | 米元健二 | 根岸良輔 | 長田紘洋 | 山崎翔悟 | | | |
| 乾愛実 | 木俣大樹 | 根津拓登 | 宮﨑尚大 | | | | | | |
| 本谷昭博 | 赤堀優一 | 生田克行 | 井田奈津世 | 市左彰男 | 江部あさひ | 川端真一 | 栗本和典 | 小林裕貴 | 寒河江尚史 |
| 齋藤瞳 | 佐藤聖樹 | 髙野誠二 | 高橋真由美 | 竹藤敬子 | 角田旭 | 寺床亜沙美 | 新田三保子 | 古田達也 | 堀杏朱 |
| 松本好康 | 水谷洋介 | 安永豊 | | | | | | | |
| 板垣守昭 | 梅原悠季 | 加藤加那子 | 桜本拓也 | 玉城潤一 | 中川将 | 村上領 | 柳原杏 | | |
| 中川量智 | 池田真梨 | 石原駿 | 石渡絹子 | 岡井啓明 | 川上智也 | 今野慶彦 | 佐藤伸剛 | 島津侑香 | 立石貴之 |
| 中原麻衣 | 西間木直哉 | 渡辺雅樹 | | | | | | | |
| 佐藤文佳 | 武田剛士 | 佐藤温子 | 中野絢 | 水野祐未 | 園原元気 | 渡邉彩 | 江川和也 | 長野優斗 | 中村悠太 |
| 平松舟 | 弓取奨平 | カヤ アフメット 有賦 | | 長嶺怜斗 | 藤本直樹 | | | | |
| 中山直 | 香西直樹 | 相澤憲 | 伊藤主就 | 豊永穂奈美 | 山口雅紀 | 松尾隆弘 | | | |
| 坂本善明 | 武田真樹 | 安部裕一 | 菅野立基 | 林千瑛 | 太田亜樹 | 松下哲夫 | 坂井創 | 丸川永里子 | 田中智史 |
| 広畑修 | 森真友子 | 金井洋美 | 成井義人 | | | | | | |
| 犬飼太輝人 | 大谷陽祐 | 木下裕美子 | 黒沢裕介 | 小塚高史 | 小柳雄一 | 佐藤涼平 | 橋本知明 | 早川彩 | 藤沢尚慶 |
| 水谷元紀 | | | | | | | | | |
| 田邊隼希 | 廣田彩友美 | 山田英明 | 中田祐志 | ほか企画メンバー有志 | | | | | |
| 古橋正康 | 説田佳奈子 | 小谷和也 | 吉田将英 | 小島雄一郎 | 西井美保子 | 用丸雅也 | 木伏美加 | 小島洋介 | 持田小百合 |
| 湊康明 | 工藤永人 | 兵澤諒 | 中島弥姫 | 山口志歩 | 村川慧 | 谷井愛理沙 | 森内龍 | 瓜谷優紀子 | 奈木れい |
| 笹森愛 | 森俊貴 | 三浦優 | | | | | | | |
| 秋山弘樹 | 早瀬礼子 | 植松詞子 | 大町篤史 | 岩田健太 | 上東茉弥 | | | | |
| 荒地竜資 | 寺﨑夕夏 | 安齋拓也 | 今福貴子 | 吉川允將 | 畑中翔太郎 | 林嵩大 | 堀田稜 | 松永隆 | 森川裕一 |
| 尾崎護 | 佐井倭裕 | 長島大志 | | | | | | | |
| 石崎駿佑 | 飯伏直美 | 大島朋美 | 金子祐紀 | 鴨田翔 | 川合碧 | 川端俊一 | 岸本有之 | 草清和明 | 佐藤健志朗 |
| 志賀慶明 | 武田知弥 | 竹中花梨 | 武山文信 | 中谷拓史 | 西本留依 | 松浦華菜子 | 山口泰平 | 渡辺尚徳 | |
| 三木逸平 | 加藤優香理 | 遠山梢 | 角田吉紀 | 大村周平 | 清都弘光 | 内田潤 | 竹内友里 | 井上竜一 | 井川亮 |
| 富樫アンドレ | 河田紳吾 | 高橋純平 | 安藤将規 | 井上知彦 | 松廣未奈 | 川野洋生 | 田島克海 | 西美夏子 | 青木美結 |
| 田辺卓 | 大澤誉史 | 大野友美 | 津川智行 | 小坂泰啓 | 浅野穣 | 大塚貴子 | 大久保雄祐 | 長尾丈太郎 | |
| 大継丈騎 | 川添遼 | 衛藤陽介 | 大井祐介 | 丸山智美 | 岡本真美 | 谷啓太 | 大塚拓也 | 宮崎祐輔 | 中島聡哉 |
| 斎藤かれん | 松尾彩加 | 米田祐太 | 高木慶祐 | 納富宏敏 | 石寺瑛彦 | 蔵中めぐみ | | | |
| 坂田卓也 | 藤﨑千尋 | 内田多 | 草野一成 | | | | | | |
| 鈴木貴博 | 島貫洋平 | 西田陽 | 土井雄介 | 田中大敦 | 田中友実 | 鈴木真理子 | 益城啓 | 中井隆也 | 矢矧宗一郎 |
| 横田聡 | 竹島彰吾 | | | | | | | | |

## SPECIAL THANKS (50音順)

| 会社名 | 団体名 | 設立年月 | 団体コンセプト |
|---|---|---|---|
| アイシン | AISIN INNOVATION HUB -CONNECT- | 2021年4月 | 各部署の若手がつながり、お互いをアクセラレートする場 |
| 旭化成 | 起業家クラブ | 2019年3月 | 自己を人生のオーナーとして、起業家精神を持ちながら生きていく |
| 朝日新聞社 | 朝日版わるだ組（仮） | 2016年5月 | 「楽しく・ゆるく・継続的に」 |
| アステラス製薬 | A2 | 2014年10月 | 個々の Will を芽吹かせ、育み、実現することで個々の幸せを企業価値向上へとつなぐ土壌 |
| アフラック生命保険 | One Aflac（ワンアフラック） | 2016年9月 | タテヨコナナメの人財が交わるリスクフリーな成長の場 |
| AGC | AGseed | 2015年10月 | AGC グループ若手の「アイディアプラットフォーム」 |
| NEC | CONNECT | 2017年1月 | 一人ひとりの「やりたい」という熱い想いを探し、つなぎ、加速する |
| NHK | NHK ジセダイ勉強会 | 2012年9月 | 視聴者の皆様のために「ジセダイ」の番組・サービスを開発する |
| NTT グループ | O-Den | 2015年6月 | NTT グループの人の縁をつなぎ、会社を変え、社会を変える有志団体 |
| 川崎重工業 | Pop − LINK | 2016年9月 | 「同志とつながる」「新しいことに挑戦する」「実行する」 |
| キヤノン | MIP | 2016年12月 | 垣根を越えて個人の思いをつなげることにより、個人が新しい一歩を踏み出し、前を向いて歩み続けられる世界を実現する |
| キリンホールディングス | キリンアカデミア | 2019年1月 | 「キリンで挑戦志向の風土を作る」ビジョンを掲げる企業内大学 |
| コニカミノルタ | LETS | 2017年7月 | 組織を越えた学びの場。個人と会社をもっと楽しく！ |
| ソフトバンク | やわら会 | 2017年11月 | Enjoy SoftBank 〜社内外ネットワークで仕事を楽しく！ イノベーション創出！〜 |
| SOMPO グループ | SOMPO cotton 倶楽部 | 2017年10月 | Joy for Growth 〜ゆるいつながりはイノベーションの源〜 |
| ダイドードリンコ | DyClub | 2012年2月 | リーダーシップを発揮しダイナミックにチャレンジし続ける社内有志団体 |
| 中外製薬 | Frontier | 2018年4月 | 社内外における人的ネットワークの構築とイノベーションの追求 |
| 千代田化工建設 | 未来創造室<br>次世代 DIGGING LAB. | 2012年3月<br>2020年10月 | 「SELFCHANGE ＆ SELFCOMMIT」を活動理念に、若手・中堅を中心に自由闊達な対話を起点に会社変革を目指す |
| テルモ | MAGICAREE | 2015年3月 | 多種多様な勉強会を通して、社内外コミュニケーションの活性化および新たなチャレンジを支援する |
| デンソー | DENSO Open Innovation Team | 2018年 3月 | Doer を増やすために、想いを持つひと同士が刺激しあえる「場」を提案・提供し続ける |
| 電通 | 電通若者研究部 | 2010年12月 | 若者から未来をデザインする |
| 東急グループ | 水曜講座 | 2008年11月 | 個人が次のステップへ進むための“人と人がつながる”場・機会・体験をつくる |
| 東京海上グループ | Tib | 2018年11月 | Tokio Marine なら社会にイノベーションを起こせるというワクワク感をグループ内に醸成する |
| 東芝 | OPEN ROOTS | 2015年6月 | 人と人、場と場、知と知をつなぐ |
| 東洋製罐グループ | ワンパク | 2018年6月 | 仕事を私事に、そして志事に |
| TOTO | WILL be | 2018年10月 | ゆるくまじめに |
| 凸版印刷 | TOPPA | 2017年8月 | ゆるくつながり、すべてを突破する起点に |
| トヨタ自動車 | A-I TOYOTA | 2017年3月 | トヨタグループ内有志ビジネスモデルコンテストの企画／運営を中心とした会社公認有志団体 |

| 氏名 | | | | | | | | | |
|---|---|---|---|---|---|---|---|---|---|
| 小林靖 | 関駿輔 | 本井靖浩 | 土屋勇吾 | 梶原優樹 | 西川周作 | 西垣大亮 | 大坪正和 | 細川きり子 | |
| ほか計 120 名 | | | | | | | | | |
| 池内達宣 | 石塚健太郎 | 石野雄三 | 磯部元洋 | 加賀美幹 | 倉本美紀子 | 田中悠太 | 森創一 | 高嶋絵里子 | 高野俊行 |
| 寺田唯 | 永井健真 | 藤間裕美 | 松尾知明 | 安田直弘 | 山原義郎 | 柳登貴人 | 吉井拓史 | 劉桜子 | |
| 赤池美紀 | 石井大介 | 石田真治 | 鹿島亜紀彦 | 島田董 | 瀬藤亮太 | 田口徳康 | 田所将汰 | 中村尭史 | 籔本春 |
| 雪江一志 | ほか 619 名の takibito | | | | | | | | |
| 松崎志朗 | 山崎喬 | 岡本昂之 | 中島彩 | 佐藤隆治 | 上入佐慶太 | | | | |
| 古川将寛 | 大橋沙彩 | 近岡知美 | 行武由里菜 | 吉澤遥太 | 小笹考弥 | 藤長郁夫 | 武藤雅和 | | |
| 伊藤康浩 | 矢野夕梨子 | 井上浩昌 | 中村翔大郎 | 藤野純輝 | 鎌澤朗 | 瀧本直哉 | 神山朋也 | 中村実那 | 山下千貴 |
| 輿水凛 | 義末雅幸 | 阿部みなみ | 江口直希 | ほかメンバー 51 名 | | | | | |
| 安倍英司 | 入江眞 | 内山敦史 | 宇都宮海斗 | 蛯名俊之介 | 川﨑万莉 | 孫暁維 | 土井健 | 仲理紗 | 萩村卓也 |
| 前原良美 | 山口渡 | 吉竹直樹 | | | | | | | |
| 児島さゆり | 南泉希 | 川村隆一 | 鶴野凌 | 長谷川渉 | 原田真希 | 馬屋原隆広 | 小村美生 | 荻嶋景 | 髙橋睦美 |
| 中田和毅 | 中島弘貴 | 新見拓平 | 室谷憲紀 | 山敷俊介 | 今本憲吾 | 浅田菜奈美 | 日野光 | 張暁雪 | 中西誠人 |
| 神田美沙樹 | | | | | | | | | |
| 濱本隆太 | 森川悠 | 金子佳市 | 宮島勇也 | 伊藤忠弘 | 前田瑞歩 | 黒田愛美 | 向奥裕基 | 弥永拓也 | 村上健太 |
| 坂本拓海 | 若山明莉 | 木下雄斗 | 奥山芳啓 | 米山知奈津 | | | | | |
| 吉永裕紀 | 春日貴大 | ほか One Panasonic 幹事 15 名 | | | | | | | |
| 大泉祐人 | 大久保真衣 | 大沼芙実子 | 工藤力 | 寺田菜々美 | 丸山史人 | 宮下杏子 | 村上悠 | 山岡史典 | 横内秀理 |
| 久野慎弥 | 鈴木恵弥 | 程楊 | 鈴木威一 | 梶野裕一 | 山田修平 | 角岡幹篤 | 原田美香 | 道上理恵 | 深田悠太 |
| 檜枝賢護 | 水谷波南香 | 杉岡晃多 | 福田達博 | 古川達也 | 松井正徳 | | | | |
| 金海俊 | 西敬之 | 坂﨑良樹 | 横田泰代 | 塚本直樹 | 松岡知佳 | 大住早 | 奥山崇 | 山田仁 | 松田圭介 |
| 蓑島和浩 | 中村達也 | 佐藤 理英 | 塩田芽実 | 小林俊輝 | 鑓水大和 | | | | |
| 斎藤謙一 | 佐々木隆太 | 佐藤文香 | 畔津英子 | 桐川翔太 | 松居高行 | 末吉邦行 | 伊集院一彦 | 冨田太輔 | 山田裕史 |
| 鈴木良輔 | 山村智英 | 真崎慎也 | 片岡之子 | 上野拓 | 江澤美紀 | 河邉美季 | 冨高鯉央 | 尾崎正和 | 國川泰輔 |
| 大石 忠広 | 粟津 優作 | 宮田大資 | 田崎ちひろ | 延谷 直哉 | 井出 真菜 | 藤本 泰徳 | 森田洋平 | | |
| 星野知佳 | 杉村良彦 | 明川心咲 | 市川裕詞 | 今井匡 | 岩尾文香 | 岩間紀貴 | 大川卓也 | 壁谷康平 | 北原早知子 |
| 小坂来造 | 佐藤巧翼 | 竹内健二 | 田中誠 | 中野晴康 | 那須翔太 | 野尻可那子 | 松浦正俊 | 安井良 | 吉田茂樹 |
| 石田武浩 | Vijayanathan, Sai | | 西馬信一 | 佐藤豪 | 髙原直子 | 五月女達也 | 五十嵐裕司 | 目時暢子 | 加賀慶一 |
| 藤田脩三 | 鄭玉瑶 | 竹中健二 | 福田紘之 | 國府田遼 | 美浦彩 | 飯尾俊行 | | | |
| 青野竜平 | 阿部菜々子 | 池田秀一 | 角田樹一 | 樋口怜亜 | 山橋正太 | Wang, Li Jung | 吉富亮介 | | |
| 降田哲雄 | 河本陸 | 阿部雅樹 | 福島典之 | 木村美和子 | | | | | |
| 河原田岩夫 | 杉本秀和 | 木原梓 | 古川剛也 | 青木俊輔 | 池田翔大 | 井本佑基 | 加藤拓 | 児玉洋太郎 | 高田博元 |
| 髙橋啓太 | 髙谷真理子 | 沼田直人 | 野島拓哉 | 野村昌希 | 長谷知絵 | 古川拓也 | 松尾翔 | 松村憲治 | 渡辺健太 |
| 吉川麻子 | 池野嘉彦 | 野島朋子 | 中山常嘉 | 原宏史 | 竹林憂 | 神谷友貴 | 額田純嗣 | | |
| 青木大延 | 稲月亮太 | 呉龍 | 恩田圭輔 | 黒部黎子 | 小林理恵 | 坂本征文 | 菅原萌 | 杉野明博 | 竹内友里 |
| 藤間崇 | 永井茂樹 | 三好俊輔 | | | | | | | |
| 清水寛太 | 矢板成明 | 大貫和泉 | 加藤柚菜 | 林滉一朗 | 山之口大樹 | 奥野友都 | 井口拓弥 | | |
| 中原慎太郎 | 萩田健太郎 | 福田誠司 | | | | | | | |
| 濱松誠 | 山本将裕 | 神原一光 | 吉富亮介 | 土井雄介 | 濱本隆太 | 川﨑万莉 | 福井崇博 | 諸藤洋明 | 荒木朋之 |
| 安藤翔一 | 伊藤淳 | 岩田健太 | 大辻聡史 | 金海俊 | 北野悠基 | 香西直樹 | 斎藤謙一 | 坂本一央 | 佐藤伸剛 |
| 田中悠太 | 中川量智 | 西浜秀美 | 萩村卓也 | 橋本知明 | 広中秀俊 | 福田育弘 | 矢野夕梨子 | 山内健 | 横田泰代 |
| 若木豪人 | | | | | | | | | |

## SPECIAL THANKS（50音順）

| 会社名 | 団体名 | 設立年月 | 団体コンセプト |
|---|---|---|---|
| 豊田通商 | 着火部 | 2015年4月 | 自分や周囲の人のハートに火をつけ、人・組織・社会を変革する火種となる |
| 日揮ホールディングス | JGC3.0 | 2015年1月 | 日揮グループ（JGC）を“3.0”にシフトするため、越境して外から学ぶ！ 社内に実装する！ コトを起こす！ |
| 日鉄ソリューションズ | takibito | 2019年2月 | 自然と人が集まり、あたたかい空気感を共有できる焚き火のようなコミュニティ |
| 日本航空 | W-PIT | 2017年3月 | Wakuwaku（ワクワク）をキーコンセプトとした異業種共創 |
| 日本たばこ産業（JT） | O2 | 2016年7月 | JT 社内と社外を On/Off-Line でつなぎ、O2 が JT をアップデートする |
| 日本郵便 | P∞（ピース） | 2015年5月 | 会社が好きだから、よくしていきたい。会社のことをじぶんごとに |
| 野村総合研究所 | Arumon<br>N 次元 | 2016年9月<br>2018年10月 | 一歩踏み出し、自らを鍛え、社会に革新を起こす実践の場 |
| ハウス食品グループ本社 | エンジョブ！ | 2014年12月 | 楽しくなければ仕事じゃない！ をモットーにより良いハウス風土醸成を目指した活動 |
| パナソニック | Boost | 2018年11月 | 全社横断で1人でも多くの挑戦者（BOOSTER）を生み出す |
| | One Panasonic | 2012年3月 | 組織を越えて個人をつなぎ、一歩踏み出す個人をつくる |
| 東日本旅客鉄道（JR 東日本） | team Fantasy-sta. | 2014年3月 | 遊ぶように働き、働くように遊ぶ、が当たり前になる社会をつくる |
| 富士通 | 富士通横断交流会 | 2016年10月 | 組織、役職に捕らわれないつながりの場を創出するコミュニティ |
| 富士フイルムホールディングス | くものす<br>わるだ組 | 2016年10月<br>2012年4月 | 人とつながり、視野を広げ、自ら行動することで「楽しいの輪」を作る有志団体 |
| ブラザー工業 | Brother BEAT | 2019年4月 | “あそぶ・つながる・みがきあう”を通して、はたらくを最高におもしろく |
| ブリストル マイヤーズ スクイブ | CLIMB<br>(Cultivating Leadership and Innovation for Millennials and Beyond) | 2018年3月 | 次世代リーダーを育成するための魅力的な企業文化を醸成する |
| 本田技研工業 | Be Honda | 2014年12月 | Honda で働く、想い・情熱・発想を持ったすべての人が、社内外の様々な人・情報とつながりながら、活躍できる環境を実現する |
| マッキャン・ワールドグループホールディングス | McCANN MILLENNIALS | 2015年9月 | グループ各社を横断した、プロダクト及びサービスの開発や社内改革を行うオープンイノベーションユニット |
| ミサワホーム | MISAONE（ミサワン） | 2017年1月 | 「会社をもっと楽しく、より良くする」をモットーに活動している有志の会 |
| 三井住友銀行 | SMBB ～ Beyond Banker ～ | 2020年7月 | 顧客課題を解決すべく、銀行の新たな可能性に挑戦するチーム |
| 三越伊勢丹ホールディングス | 未来の風 | 2013年2月 | 2030 年そして 2050 年の私たちは？ 日本は？ 世界は？ |
| 三菱自動車工業 | ONE MMC | 2016年12月 | “昨日よりもちょっと成長できる場”を提供しよう！ |
| ライオン | LION ACADEMIA | 2020年1月 | 「大志を抱き、やり遂げる人」を応援し、「自ら仕掛ける組織風土への変革」を目的に活動 |
| リコー | ONE RICOH | 2015年6月 | 社内外の組織や人をつなぎ、やりたい事を応援するコミュニケーションプラットフォーマー |
| ONE JAPAN 事務局 | | | |

［著者］

**ONE JAPAN**

大企業の若手中堅社員を中心とした企業内有志団体が集う実践コミュニティ。共同代表は元パナソニック・濱松誠、NTTドコモ・山本将裕。2016年9月設立。26社120人よりスタートし、現在55社3000人に拡大。「挑戦の文化をつくる」をミッションに掲げ、VALUE（価値づくり）、PEOPLE（仲間づくり）、CULTURE（社会的空気づくり）の3軸で活動を行っている。毎年秋に開催する大型イベント「ONE JAPAN CONFERENCE」、大企業で働く社員の声を集めた「働き方意識調査」、大企業挑戦者支援プログラム「CHANGE」、各社有志団体の取組みやノウハウを共有しあい表彰する「有志活動総選挙」、オープンイノベーションに取組む「事業共創プロジェクト」、若手管理職の変革リーダー育成プログラム「ミドル変革塾」などの活動に加え、「マゴ写レター」などのONE JAPANをきっかけとした共創事例も生まれている。
日本の人事部「HRアワード2017」特別賞、「内閣府主催　第1回日本オープンイノベーション大賞　経団連会長賞」（2019）を受賞するなど、メディアや各界から注目を集めている。著書に『仕事はもっと楽しくできる』（プレジデント社）。

［HP］https://onejapan.jp/
［Facebookページ］https://www.facebook.com/one.japan.org/
［Twitter］https://twitter.com/ONEJAPAN_2016
［note］https://note.com/onejapan
［YouTube］https://www.youtube.com/channel/UChU_Ara1_5TadYDPkYIgRXA



［ONE JAPAN 書籍企画プロジェクト スタッフ］

神原一光（企画制作統括／「はじめに」「おわりに」執筆）

藤崎千尋（制作進行）

吉田将英（企画監修／「序章」執筆）

庄形和也（考察監修）

小柴尊昭（考察監修）

中尾仁士（図版原案）

なぜウチの会社は変われないんだ！と悩んだら読む

# 大企業ハック大全

2021年11月2日　第1刷発行

著　者――ONE JAPAN
発行所――ダイヤモンド社
〒150-8409　東京都渋谷区神宮前6-12-17
https://www.diamond.co.jp/
電話／03･5778･7229（編集）　03･5778･7240（販売）
編集協力――板村成道、坂口ナオ、廣畑七絵、矢野由起
ブックデザイン―三森健太(JUNGLE)
イラスト――村林タカノブ
図版――――うちきばがんた
ＤＴＰ―――山口文子、三井名香
校正――――鷗来堂
製作進行――ダイヤモンド・グラフィック社
印刷・製本―凸版印刷
編集担当――廣畑達也


ISBN 978-4-478-11419-3